kompaktwissen

Viel Erfolg
A. Meier

CHRISTIAN MAIER
MARION WEBER

Erfolg durch Super-learning

Die praxisbezogene
Anwendung der
sensationell
erfolgreichen
Lernmethode

Originalausgabe

Wilhelm Heyne Verlag
München

HEYNE KOMPAKTWISSEN
Nr. 22/193

Herausgeber der Reihe »kompaktwissen«:
Dr. Uwe Schreiber

Cartoons von Peter Späth

Copyright © 1987
by Wilhelm Heyne Verlag, GmbH & Co. KG, München
Printed in Germany 1987
Umschlaggestaltung: Atelier Ingrid Schütz, München
Satz: Schaber, Wels
Druck und Bindung: Ebner Ulm

ISBN 3-453-00836-7

Inhalt

Vorwort

Auf die Idee, dieses Buch zu schreiben, wäre ich wahrscheinlich nie von allein gekommen, da ich in erster Linie Praktiker bin und meine Erfahrungen mit dem Schreiben aus Schul- und Studiumszeit nicht gerade die besten waren.

Wie es aber dennoch zu diesem Buch kam, möchte ich Ihnen kurz anhand meiner persönlichen Geschichte schildern:

Ich war im Grunde ein ziemlich schlechter Schüler und habe somit viel Erfahrung sammeln können, was es heißt, zu glauben, »etwas nicht zu können«, an sich zu zweifeln und Ängste und Blockaden zu haben. Durch die Unterstützung meiner Eltern konnte ich das jedoch etwas ausgleichen, indem ich mir sagte: »Wenn ich etwas nicht verstehe, dann ist der Lehrer nicht in der Lage, es gut zu erklären.«

Während des Studiums setzte ich das dann fort, und ich hatte oft Mühe mit dem Anspruch auf Wissenschaftlichkeit, was für mich meistens gleichzusetzen war mit dem Versuch, einfache Dinge kompliziert auszudrücken.

In dieser langen Schul- und Studiumslaufbahn stellte ich aber fest, daß ich Dinge, die ich verstanden hatte, einfach und nachvollziehbar weitergeben konnte.

Bei meiner darauf folgenden Arbeit mit lern- und verhaltensgestörten Kindern wurde meine frühere Not zur Tugend. Nicht nur, daß ich mich gut in die Lage dieser Kinder versetzen konnte, auch meine einfache Erklärweise hatte Erfolg.

In dieser Zeit begann ich, mich mit Superlearning zu beschäftigen. Die darin enthaltenen Elemente eines spielerischen und einfachen Lernens zusammen mit meinem Einfühlungsvermögen in »schlechte Schüler«, führten 1982 zur Gründung der Gesellschaft für ganzheitliches Lernen. Ich begann, Superlearning-Cassettenprogramme zu entwickeln, und der Erfolg ermunterte mich immer wieder aufs Neue. Ich stellte fest, daß es kaum ein Lerngebiet gibt, das man nicht wesentlich einfacher ausdrükken und vermitteln konnte, und meine Spezialität wurde es, genau das zu tun.

Als sich mit steigendem Bekanntheitsgrad von Superlearning Fragen häuften wie »Was ist eigentlich dran an Superlearning?« oder »Funktioniert das wirklich?«, reifte in mir die Idee, alle meine Gedanken dazu einmal aufzuschreiben. Beim Schreiben setzte ich dieselben Techniken ein, die im Buch beschrieben sind. Die Anwendung verschiedener Elemente des Superlearning wie beispielsweise Entspannung, Fantasiereisen und Musik haben mir beim Schreiben sehr geholfen.
Auch die Unterstützung von Freunden und Bekannten, für die ich mich an dieser Stelle bedanken möchte, war eine große Hilfe.

So war Marion Weber, eine frühere Klassenkameradin und freie Mitarbeiterin bei der Gesellschaft für ganzheitliches Lernen meine ständige Wegbegleiterin beim Schreiben und Formulieren dieses Buches.
Dr. Roberto Buner schrieb den Anhang »Erfahrungen mit der Suggestopädie (Superlearning) als ganzheitliche Lehrform«, der durch seine eher etwas wissenschaftlichere Form besonders für Lehrer sehr eindrucksvoll ist. Ebenso bedanken möchte ich mich bei Françoise Oulmann (Suggestopädin), Klaus Marwitz (NLP-Trainer und

Suggestopäde), Ulrich Valentin (Alexander-Lehrer), Kurt Wiederkehr (Inner Game-Tennislehrer) und den vielen nicht Genannten, die mir beim Schreiben mit Rat und Tat zur Seite standen.

Ich wünsche Ihnen nun viel Freude beim Lesen des Buches und viel Erfolg mit Superlearning!

Freiburg, August 1987   Christian Maier

Ich kann's

An einem viertägigen Seminar über Superlearning und Ganzheitliches Lernen teilzunehmen, war seinerzeit ein besonders beeindruckendes Erlebnis für mich. Der Seminarleiter Dr. Charles Schmid aus San Francisco bereiste seit mehreren Jahren die ganze Welt und gab seine Erfahrungen aus jahrzehntelanger praktischer Arbeit im Unterrichten von hauptsächlich Fremdsprachen weiter. Unter den sechzehn Teilnehmern waren Sprachlehrer, Ausbildungs- und Personalleiter namhafter Firmen, Inhaber privater Sprachschulen, Lehrer des Goethe-Instituts, Buchautoren und Psychologen.

In diesen vier Tagen habe ich Wesentliches über das Aufnehmen und Vermitteln von Wissensstoff erfahren und möchte hier einen Bruchteil davon weitergeben. Charles Schmid berichtete nicht nur über interessante Forschungen und deren Ergebnisse, die in den letzten Jahren auf dem Gebiet des Lernens und Unterrichtens gemacht wurden, sondern ließ uns eigene Erfahrungen mit dieser anderen Art des Lernens machen, indem er uns an zwei Tagen jeweils drei Stunden Spanischunterricht erteilte. Zu meinem eigenen Erstaunen begann ich, mich schon am zweiten Tag in meinem Hotelzimmer auf Spanisch mit mir selbst zu unterhalten. Am faszinierendsten fand ich, daß das Seminarthema auf diese Weise direkt nacherfahrbar war.

Es wurde mir deutlich, daß alles, was ich als Kind auf natürliche und spielerische Weise gelernt hatte, immer auch

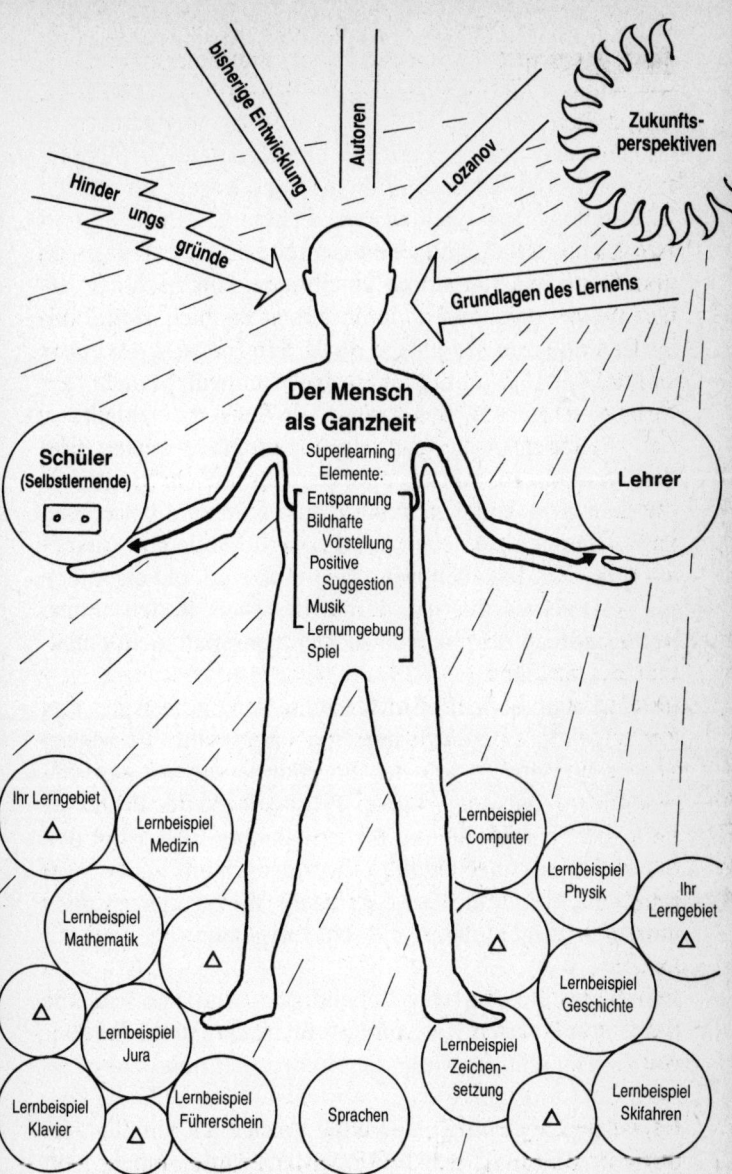

bisherige Entwicklung

Autoren

Lozanov

Zukunfts-
perspektiven

Hinderungs
gründe

Grundlagen des Lernens

**Der Mensch
als Ganzheit**

Superlearning
Elemente:

Entspannung
Bildhafte
Vorstellung
Positive
Suggestion
Musik
Lernumgebung
Spiel

Schüler
(Selbstlernende)

Lehrer

Ihr Lerngebiet
△

Lernbeispiel
Medizin

Lernbeispiel
Mathematik

△

△

Lernbeispiel
Jura

Lernbeispiel
Klavier

△

Lernbeispiel
Führerschein

Sprachen

Lernbeispiel
Computer

Lernbeispiel
Physik

Ihr
Lerngebiet
△

△

Lernbeispiel
Geschichte

Lernbeispiel
Zeichen-
setzung

△

Lernbeispiel
Skifahren

13

Spaß gemacht hat. Dieser Spaß ist den meisten von uns spätestens in der Schule ausgetrieben worden. Dort nämlich sollten wir den »Ernst des Lebens« kennenlernen, und Lernen war immer mit Anstrengung verbunden. Hausaufgaben, Klassenarbeiten, Benotungen, öffentliche Bloßstellung bei Nichtwissen, Fehlen, Nachsitzen und Verweise sind die üblichen Mittel zur Zerstörung der kindlichen Kreativität und Spielfreude. Erst nach der Arbeit kommt das Spiel, weil die Arbeit nützlich ist und das Spielen nur zum Vergnügen da ist. Ein Mensch, der etwas werden will und im Leben etwas leisten will, braucht sich nicht zu vergnügen, weil das nur von der Arbeit abhält.

Die »Superlerner« jedoch lernen, indem sie spielen, und das kann dahin führen, daß das Lernen zur Begleiterscheinung des Spielens wird. Charles Schmid berichtete, daß in Schulen, an denen mit dieser Methode unterrichtet wird, die Kinder, auch wenn sie krank sind und eigentlich im Bett bleiben müssen, darauf bestehen, in den Unterricht gehen zu dürfen, weil sie sich den Spaß nicht entgehen lassen wollen.

Im Sprachunterricht wird Grammatik zum Beispiel von einer Handpuppe auf lustige Art vorgestellt. In unserem Spanischunterricht war das eine Puppe wie aus der »Sesamstraße« mit dem Namen Professor Pedro. Professor Pedro ist Junggeselle und flirtet nebenher immer mit den Schülerinnen, oder erzählt etwas aus seinem Leben, teilt mit, was ihn gerade bewegt, macht Witze oder ist auch einmal unausgeschlafen und schlecht gelaunt.

Durch das Spielen tritt Lebendigkeit und Spaß an die Stelle von Anstrengung, und oft übernehmen die Schüler die Eigeninitiative, wobei der Lehrer beratend zur Seite steht oder mitspielt. Fehler werden von ihm beiläufig korrigiert, indem er kurz die richtige Version wie zufällig wiedergibt. Hausaufgaben erübrigen sich, und anstelle von

Klassenarbeiten inszenieren die Schüler einen Theaterabend, wo sie das Gelernte auf kreative Weise vorführen.

Beim ganzheitlichen Lernen wird der Unterricht so gestaltet, daß alle Sinne gleichermaßen angesprochen werden. In unserem Spanischunterricht sah das dann so aus, daß der Lehrer sprach, schrieb, malte und etwas vorspielte. Der Unterricht begann ganz einfach. Charles, unser Lehrer, betrat die Mitte des Halbkreises, den unsere Stühle bildeten, und stellte sich vor. »Buenas dias« — »Guten Tag« (leise und beiläufig gesprochen) — »Buenos dias«. »Yo soy Carlos.« Dabei deutete er auf sich selbst. Dann begann er, mit bunten Stiften, deren Farben er gleich begrifflich bezeichnete, diese Sätze auf das Flipchart zu schreiben. Er zog einen gelben Kreis um seinen Namen und begann dann seine ganze Familie vorzustellen. Name und Beruf, Familienstand und hervorstechendste Charaktereigenschaften, die er auch immer gleich halbpantomimisch darstellte. Später wählte sich jeder von uns einen spanischen Namen und Beruf und begann in eine andere Identität hineinzuschlüpfen. Manchmal war es einfach lustig zu sehen, wer sich welchen Beruf, den er ja dann auch darstellen mußte, wählte. Mit einem Minimum an ganz neuen Wörtern begannen wir dann »Party« zu spielen. Wir stellten uns einander mit einigen kurzen Sätzen vor, die mit den entsprechenden Gesten unterstrichen wurden. Jeder versuchte sich dabei so spanisch wie möglich zu verhalten. Komik war unvermeidbar. Überhaupt habe ich in diesen vier Tagen sehr viel gelacht. Durch das Spielen und Aus-sich-Herausgehen entstand unter den Seminarteilnehmern ein herzlicher und spontaner Kontakt, beim Abschied wurden deren Adressen ausgetauscht, und jeder hatte das Gefühl, bereichert und gelöster heimzugehen.
Ich fuhr heim mit dem freudigen Gefühl: Ich kann's!

1 *Was ist Superlearning eigentlich?*

Schneller lernen fast wie im Schlaf

»SUPERLEARNING IST EINE REVOLUTIONÄRE LERNMETHODE, DIE IHRE LERNLEISTUNG UM DAS DREI- BIS FÜNFZIGFACHE ERHÖHEN KANN. SIE LERNEN FAST WIE IM SCHLAF.«

Solche und ähnliche Behauptungen kann man im Zusammenhang mit Superlearning immer wieder hören und man fragt sich: »Stimmt das eigentlich?«
Einerseits würde wohl jeder ein solches Lernen begrüßen. Andererseits ist man berechtigterweise skeptisch gegenüber all den unglaublichen Versprechungen, mit denen Superlearning angepriesen wird.

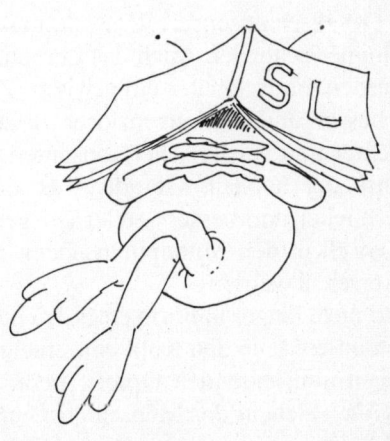

Es stimmt leider, daß es noch kein Lernen gibt, das ohne eigenes Zutun stattfindet. Wahr ist jedoch, daß man sehr wohl erheblich besser und schneller lernen kann. Das läßt sich vergleichen mit dem Umsteigen von einem Wagen mit 100 km Höchstgeschwindigkeit auf einen mit 200 km.

Superlearning ist nicht zu verwechseln mit »Lernen im Schlaf« oder irgend etwas »Rätselhaftem«, das man einnimmt, um plötzlich ein Supergedächtnis zu haben. Superlearning wirkt nicht von außen auf Sie ein, sondern es bewirkt das Hervorholen und Bewußtmachen jener Fähigkeiten, die jeder Mensch in sich hat. Es werden von altersher bekannte Komponenten wie Musik, Entspannung, positive Suggestionen und das Wissen um ein starkes Unterbewußtsein miteinander kombiniert.

Dies hat zur Folge, daß Sie die in Ihnen schlummernden geistigen Fähigkeiten wecken und zur Entfaltung bringen können. Selbstverständlich geschieht das nicht von heute auf morgen. Jegliches Umdenken und Vorstoßen in neue Bereiche vollzieht sich in vielen kleinen Schritten. Man muß es spüren, fühlen, erleben und das Neue in die Realität umsetzen.

Die ganze Gesellschaft, unsere Umwelt, unsere Technik, alles wird immer schneller. Auch das Lernen. Wir wollen schneller lernen, um schneller ein gewisses Ziel zu erreichen und besser und konkurrenzloser zu sein. Ob das Lernen leichter und spielerischer vonstatten geht, ist dabei zunächst unerheblich. Gerade aber durch diesen Wunsch »schneller und besser« zu lernen, gerät nun wieder der Mensch in den Mittelpunkt. Denn nur so kann dieses Ziel erreicht werden.

Lernen wird nicht länger in Form eines Trichters gesehen, durch den man etwas in den Kopf eines mehr oder weniger unwilligen und leidenden Opfers preßt, sondern als ein Prozeß, an welchem der Mensch als Ganzes beteiligt ist. Um aber auf den Menschen und seine Bedürfnisse eingehen zu können, muß man sie erst einmal kennen. Daher ist eine Grundvoraussetzung für einen erfolgreichen Lernprozeß, sich selbst und die eigenen Fähigkeiten kennenzulernen.

Hier stößt man unvermeidbarerweise auf Ängste und Blockaden, die es abzubauen gilt. Diesem Zweck dienen in besonderem Maße Entspannungsübungen und Fantasiereisen. Sie lassen den Geist beweglich werden, und man lernt besser.

Wer Elemente des Superlearning anwendet, um beispielsweise besser Englisch zu lernen, wird insgesamt eine Bereicherung seines Wesens erfahren. Die umfassende Art dieser Methode bewirkt, daß später jeder Stoff konzentrierter und schneller gelernt werden kann.

Superlearning: Begriff und Methode

»Superlearning« ist ein aus dem Amerikanischen kommender Begriff, der mit »Superlernen« übersetzt werden kann. Auch wenn für viele Menschen die amerikanischen Superlative einen negativen Beigeschmack haben, so hat sich dieser Begriff doch weitgehend durchgesetzt. Versuche, ihn zu umgehen oder zu ersetzen, beispielsweise durch »Sanftes Lernen«, »Suggestopädie«, »Ganzheitliches Lernen«, »Kreatives Lernen«, »Lernen in neuen Dimensionen« u. a. tragen eigentlich nur zur Verwirrung bei. Wir haben uns in diesem Buch für den gebräuchlichsten Begriff »Superlearning« entschieden, da er dem Leser am bekanntesten sein dürfte. Wir unterscheiden dabei auch nicht zwischen »Superlearning« für das Lernen mit Cassetten und »Suggestopädie« für das Lernen mit dem Lehrer.

Für uns ist Superlearning vielmehr ein Lernansatz, der den ganzen Menschen — sowohl den Lehrer als auch den Schüler — mit all seinen Gefühlen, Wünschen, Gedanken und Potentialen und auch mit seinen Blockierungen in die Lernsituation miteinbezieht.

Ein weiterer Punkt ist die Frage, ob sich Superlearning definieren läßt und ob es sich dabei um eine bestimmte Methode handelt. Letzteres läßt sich klar mit »nein« beantworten.

Zwar gibt es im Superlearning Elemente, die häufig angewandt werden. Das sind: Entspannung, Imagination, Musik und positive Suggestionen. Jedes dieser Elemente ist aber in sich selbst so verschieden und vielfältig verwendbar, daß man unmöglich von einer feststehenden Methode sprechen kann. Es gibt nicht nur eine einzige richtige Art und Weise, wie Superlearning funktioniert. Und das ist das Schöne daran: daß sich jeder individuell nach seinen eigenen Wünschen, Zielen und Bedürfnissen aus einem reichhaltigen Angebot bedienen kann.

Da durch Superlearning Intuition und Kreativität angeregt werden, wirken diese auch auf den Lernprozeß selbst gestaltend ein. Wer an diesen Punkt gelangen will, sollte sich eingehend mit den einzelnen Komponenten des Superlearning vertraut machen. Sie bilden die Grundbausteine, welche sich in der Praxis bewährt haben:

ENTSPANNUNG — IMAGINATION — FANTASIEREISEN — MUSIK — POSITIVE SUGGESTIONEN.

Wie man diese Bausteine für sich einsetzt, ist individuell verschieden und hängt ganz von der Situation, dem Lerngebiet und den Lernzielen ab.

Wofür eignet sich Superlearning?

Superlearning eignet sich für jede Form des Lernens. Für Sprache ebenso wie für Mathematik, Skifahren oder Klavierspielen.

Natürlich hängt die Wahl der einzelnen Elemente vom jeweiligen Lerngebiet ab. Superlearning für Sprachen gestaltet sich anders als Superlearning fürs Skifahren. In jedem Falle stehen bei beiden die ganzheitliche Betrachtungsweise und das Wissen um die Potentiale des Menschen im Vordergrund.

Ebenso verschieden sieht Superlearning aus, wenn Sie es für sich selbst, z.B. für das Erlernen eines trockenen »Paukstoffes« oder aber als Lehrer für den Unterricht einsetzen möchten.

Im ersten Fall bespricht man eigene Cassetten und läßt sie zusammen mit langsamer Barockmusik wieder abspielen, während man entspannt zuhört. Im zweiten Fall dagegen ist das Ziel, die Schüler momentan, aber vor allem auch längerfristig für ein Stoffgebiet zu begeistern und ihre Potentiale zu erschließen. Das erfordert neben dem Einsatz der üblichen Komponenten noch weitergehende Aktivitäten. Auch Überlegungen zur Aufbereitung des Lehrmaterials sind dann notwendig.

2   Wie lernen wir?

Das menschliche Gehirn — ein erstaunliches Organ

Wer ein Verständnis für die Funktionsweise des Lernens und auch des Lehrens entwickeln will, sollte sich mit den biologischen Vorgängen im menschlichen Gehirn und seinen unglaublichen Fähigkeiten vertraut machen.

Das Gehirn eines Erwachsenen besteht im Durchschnitt aus etwa 12 bis 15 Billionen Nervenzellen, das ist ungefähr dreimal soviel an der Zahl wie die gesamte Erdbevölkerung. Schon einen Monat nach der Empfängnis ist das Gehirn des Ungeborenen halb so groß wie der Fötus selbst, und es beginnt, embryonale Nervenzellen zu bilden, die späteren Gehirnnervenzellen. Diese werden mit einer Geschwindigkeit von mehreren Tausenden pro MINUTE gebildet.

Zwei Monate nach der Empfängnis bildet der kleine Fötus 2000 Nervenzellen pro Sekunde. Dazu folgendes Beispiel: Das Gehirn einer erwachsenen Honigbiene besteht aus etwa 7000 Nervenzellen. Eine Biene kann viele relativ komplizierte Dinge tun, wie z.B. eine Honigwabe bauen und erhalten, Entfernungen berechnen, anderen Bienen die Richtung von Pollenquellen angeben und einen Weg anhand von Sicht und Geruch wiedererkennen. Und all dies schafft sie mit einer Anzahl von Gehirnnervenzellen, die der menschliche Fötus in etwas mehr als drei SEKUNDEN hervorbringt! Mit etwa fünf Monaten hat das menschliche Embryo seine gesamten Gehirnzellen festgelegt: 12—15 Billionen Nervenzellen.

Obwohl die Anzahl der Nervenzellen wichtig ist, gibt es etwas von noch größerer Bedeutung, dessen Entwicklung etwa $2\frac{1}{2}$ Monate vor der Geburt einsetzt. Da beginnt jede Nervenzelle zahlreiche dünne Fäden zu weben, um damit Verbindungen zu anderen Nervenzellen herzustellen. Da jede Nervenzelle Tausende von Verbindungen eingehen kann, gibt es schließlich Trillionen von Verbindungen. Wichtig zu wissen ist, daß nur einige dieser Verbindungen automatisch gebildet werden. Die meisten entstehen dadurch, daß das Gehirn benutzt wird. Je mehr das Gehirn stimuliert wird, desto mehr Verbindungen entstehen und desto größer ist die geistige Fähigkeit eines Menschen.

Es ist wichtig, das Gehirn von Geburt an zu trainieren, da so die für das Denken wichtigen Verbindungen geschaffen werden. Die Grundmuster dafür werden bereits in den ersten Monaten nach der Geburt festgelegt. Aufbauend auf diese Grundmuster, sind wir in der Lage, ständig dazuzulernen und dieses Informationsnetz immer mehr zu erweitern und zu verfeinern — bis ins hohe Alter hinein.

Die meisten grundlegenden Verbindungen entwickeln sich vor dem fünften Lebensjahr. Die volle Größe des Gehirns ist im Alter von zehn Jahren erreicht. Das Gehirn wiegt dann 2 Prozent vom Körpergewicht und benötigt 20 Prozent der Sauerstoffzufuhr. Im Gegensatz zu den anderen Körperzellen regenerieren sich die Nervenzellen des Gehirns jedoch nicht mehr. Amerikanische Untersuchungen haben gezeigt, daß Menschen dennoch ständig an Intelligenz gewinnen, je älter sie werden, vorausgesetzt, sie beschäftigen sich geistig. Solche Menschen leben auch länger. Die Untersuchung wurde folgendermaßen durchgeführt:

Die Versuchspersonen wurden über ca. 20 Jahre beobachtet. Der Versuch begann mit einem IQ-Test von fünfzigjährigen Menschen, die aus unterschiedlichen Berufen stammten. Zum Zeitpunkt der Pensionierung wurde der IQ-Test wiederholt und zeigte bereits, daß die geistig Aktiven einen höheren IQ vorzuweisen hatten. Nach der Pensionierung konnte man sehen, daß diejenigen, die geistige Tätigkeiten weitgehend aufgaben, deutlich früher starben. Die anderen wurden dagegen nicht nur älter, sondern ihr IQ stieg weiterhin an.

Das widerspricht deutlich der landläufigen Meinung, daß man im Alter geistig abbaut. Für den Körper mag das stimmen, der Geist kann jedoch durch entsprechendes Training kontinuierlich angeregt werden.

Zusammenfassend läßt sich sagen, daß der grundlegende Faktor hinsichtlich der Gehirnkapazität die Anzahl der Verbindungen ist, die es herstellen kann. Und doch ist dieses ungeheure Gehirnpotential mit 12—15 Billionen Nervenzellenverbindungen keine Leistung des modernen Menschen, sondern wurde bereits vom Neandertaler erworben. Physikalisch gesehen hat sich das Gehirn in den letzten 50 000 Jahren nicht verändert. Das Gehirn unserer Vorfahren entsprach in seiner Größe dem unsrigen. Dennoch war es, was die meßbare und praktische Anwendung von Intelligenz anbelangt, dem heutigen weit unterlegen.

Die zwei Seiten des Gehirns

Das Wissen um die unterschiedliche Funktionsweise der beiden Gehirnhälften ist eine wesentliche Voraussetzung für das Verständnis des Lernens allgemein und der Wirkungsweise von Superlearning im besonderen.

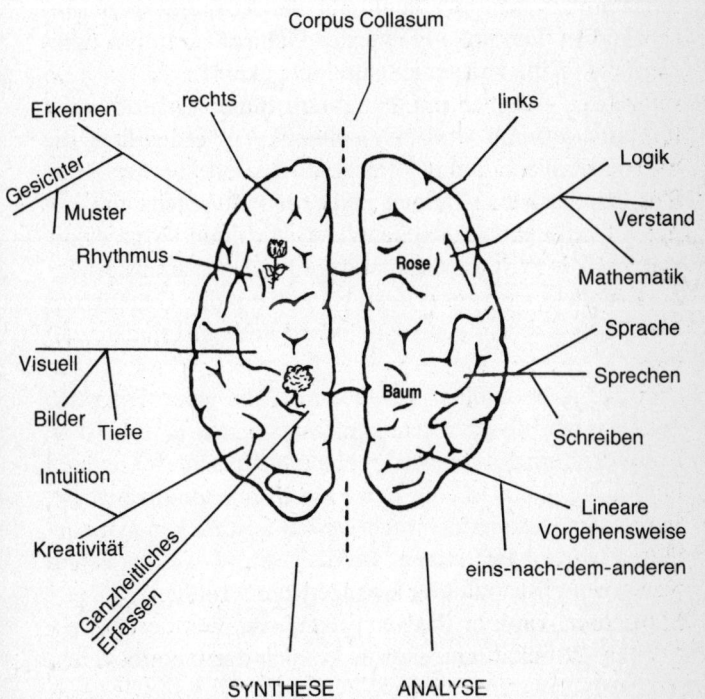

Das Gehirn besteht aus zwei Teilen, die sich äußerlich nicht unterscheiden, der rechten und der linken Hälfte. Während die LINKE GEHIRNHÄLFTE Sitz der Logik, der Sprache und des analytischen Denkens ist, befindet sich in der RECHTEN GEHIRNHÄLFTE der Sitz von Emotionen, Intuition und bildhafter Vorstellung. Die klare Trennung dieser beiden Hemisphären, die wir im folgenden der Einfachheit halber beibehalten wollen, ist in Wirklichkeit nicht so deutlich vorhanden.

Die unterschiedliche Arbeitsweise unserer Gehirnhälften wurde anhand von vielen Untersuchungen festgestellt und bewiesen. Dabei hat man auch erkannt, daß die Gehirnhälften quasi seitenverkehrt auf die Körperhälften Einfluß haben. Die linke Hälfte des Gehirns bestimmt demnach die rechte Körperseite und umgekehrt.

Folgendes Beispiel mit Patienten, deren Gehirnhälften operativ getrennt wurden (Epileptiker), verdeutlicht die unterschiedliche Arbeitsweise der beiden Hemisphären: Die Testperson soll einen verborgenen Gegenstand mit der linken Hand (rechtes Gehirn) berühren. Wird er gefragt, was er dort anfaßt, erklärt er mit Nachdruck, er wisse es nicht — aber seine linke Hand kann den Gegenstand mit Leichtigkeit in einer Kollektion anderer Objekte zeigen.

Das klingt erstaunlich, ist aber im Falle einer Trennung beider Gehirnhälften voneinander eindeutig erklärbar. Das Berühren mit der linken Hand entspricht der rechten Hälfte des Gehirns, die den Gegenstand bildhaft wahrnimmt. Er kann jedoch nicht verbal ausdrücken (Wort = linke Hemisphäre), was er berührt. Auf den Gegenstand zeigen oder ihn malen ist hingegen kein Problem.

Umgekehrt kann er ihn nach Berührung mit der rechten Hand zwar benennen, aber nicht mehr zeigen oder zeichnen.

Die verschiedenen Elemente, die im Superlearning verwendet werden, zielen alle darauf ab, ein gleichgerichtetes Arbeiten beider Gehirnhälften zu erreichen. Das führt automatisch zu einer höheren Lernleistung.

Logischer Verstand, Sprache, Vernunft, systematisches, schrittweises »Eins-nach-dem-anderen«-Vorgehen, die Funktionen der linken Gehirnhälfte also, haben im wesentlichen dazu beigetragen, daß der Mensch den heutigen hochtechnisierten Standard erreichen konnte. Gleichzeitig wäre dies aber ohne die Mitwirkung der rechten Hälfte des Gehirns nicht möglich gewesen. Diese ist, im Vergleich zur computermäßig funktionierenden linken Hemisphäre, in der Lage, Dinge ganzheitlich zu erfassen. Sie denkt in Bildern und ist daher viel flexibler.

Hierzu ein Beispiel: »Paul wirft Ingrid den Ball zu.« Für die verbale Seite (links) ist die Reihenfolge der Worte wichtig, denn »Ingrid wirft Paul den Ball zu« verändert den ganzen Sinn des Satzes. Wie bei einem Computer müssen für die linke Hälfte des Gehirns die Daten und die Reihenfolge genau stimmen, sonst gibt es kein Ergebnis.

Die rechte Hemisphäre hingegen speichert das Bild, wie Paul Ingrid den Ball zuwirft. Hier ist das Bild eindeutig, auch wenn Paul und Ingrid die Plätze tauschen. Allerdings ist sie nicht in der Lage, sich verbal auszudrücken, was sich unter anderem in der Schwierigkeit, Gefühle in Worte zu fassen, ausdrückt.

Hierzu noch ein Beispiel: »Sie begegnen nach vielen Jahren einem Bekannten und erkennen ihn sofort wieder, obwohl er kaum noch Haare auf dem Kopf, dafür aber einen Vollbart hat.« Dieses Erkennen trotz der Veränderungen ist der rechten Hirnhälfte zuzuordnen. Die linke Hemisphäre wäre genausowenig wie ein Computer dazu in der Lage, weil sich zuviel verändert hat und die gespeicherten Daten nicht mehr mit dem jetzigen Bild übereinstimmen.

Sie können es an sich selbst beobachten, wie das Denken in Bildern abläuft. Wenn Sie sich die Einrichtung ihres Büros oder Wohnzimmers daheim vorstellen, haben Sie blitzschnell ein komplettes Bild vor Augen, das Sie auch in etwa aufzeichnen können. Versuchen Sie nun, dieses Zimmer einem anderen zu beschreiben! Sie werden sehr viele Worte brauchen, die beschriebenen Gegenstände müssen alle linear (eines nach dem anderen) aufgezählt werden: »Vorne links steht ein großer, weißer Tisch. Daneben befindet sich ein kleiner japanischer Teewagen. Beide stehen einige Zentimeter vor dem Blumenfenster, das den Blick auf den Garten freigibt. Vor dem Teewagen liegt ein erdfarbener Läufer …«

Viele Worte sind notwendig, und dennoch ist nur ein winziger Bruchteil des Zimmers erfaßt. Die Informationen über Farbe, Form, Material und Beschaffenheit der Gegenstände fehlen noch ganz. Selbst die Informationen »großer« Tisch und »kleiner« Teewagen sind nicht eindeutig, denn sie beschreiben noch nicht das Verhältnis der Größen zueinander. Um das Zimmer vollständig und exakt zu beschreiben, so daß der Zuhörer sich »ein Bild davon machen kann«, braucht man tatsächlich etliche Worte. Zeigen Sie dagegen ein Foto, ist der Betrachter sofort »im Bilde«. Hier sind alle Elemente in einem enthalten, welche vom Betrachter ganz aufgenommen werden.

EIN BILD SAGT MEHR
ALS TAUSEND WORTE

Dieses Plädoyer für eine verstärkte Nutzung der Fähigkeiten der rechten Hemisphäre soll jedoch nicht die Bedeutung der linken herabsetzen. So gibt es viele Bereiche, die systematisches und logisches Denken voraussetzen. Wenn Sie eine Panne mit dem Wagen haben und den Reifen wechseln müssen, nützt es Ihnen nichts, wenn Sie mit einem Blick erkennen, daß Ihr Reifen platt ist und der Wagen so nicht weiterfährt. Dann ist es notwendig zu wissen, was zu tun ist, um die entsprechenden Tätigkeiten nacheinander durchzuführen: Wagenheber holen, Schrauben lösen, Wagen hochheben, Rad abschrauben, Ersatzrad aus dem Kofferraum holen ...

Sie müssen sich über die Reihenfolge im klaren sein, denn wenn Sie zuerst das Rad abschrauben und dann erst nach dem Wagenheber suchen, ist es schwierig, das gewünschte Ziel zu erreichen.

Beide Gehirnhälften betreiben also eine Art Arbeitsteilung. Beim Lösen einer Rechenaufgabe arbeitet hauptsächlich die linke, beim Betrachten eines Gemäldes die rechte Gehirnhemisphäre.

Das Miteinander beider Gehirne ist anstrebenswert. In unserer Gesellschaft wird jedoch die linke Hemisphäre (Sprache, Logik, Systematik) so stark gefördert und überbewertet, daß die rechte (Intuition, Kreativität, Bilder) weitgehend inaktiv bleibt. Da diese jedoch äußerst wichtige Funktionen im Bereich der ganzheitlichen Erfassung übernimmt, führt ihre Passivität unter anderem auch dazu, daß die linke Hemisphäre ebenfalls nicht in vollem Maße funktionsfähig ist. Denn wichtig und wirkungsvoll ist eben das Miteinander, und nicht das Nebeneinander.

Wenn Sie z.B. ein trockenes Fachbuch lesen und nach ein paar Seiten plötzlich feststellen, daß Sie zwar gelesen haben, aber mit Ihren Gedanken ganz woanders waren, ist ein solches »Nebeneinander« eingetreten. Ergebnis: Sie müssen noch mal von vorne beginnen. Gelingt es Ihnen jedoch, den Inhalt von Texten mit Bildern zu verknüpfen und somit mit mehr Leben zu füllen, so werden Sie mit Interesse bei der Sache sein.

Menschen, die viel autofahren, kennen meistens folgende Situation: Plötzlich stellt man fest, daß man sich weder an die Landschaft noch an eigene Handlungen der letzten paar Kilometer erinnert. Statt dessen ist man irgendwelchen Gedanken nachgegangen. Dennoch wurden alle für das Autofahren notwendigen Dinge wie beispielsweise Blinken und Überholen automatisch gemacht.

Sie sehen also, daß in jedem die Fähigkeiten der rechten Hemisphäre vorhanden sind, auch wenn sie meist noch nicht gezielt genutzt und eingesetzt werden.

Mit der Erfindung des Computers ist eine konsequente Fortführung der Funktionen des linken Gehirns gelungen. Es erscheint daher sinnvoll, sich wieder mehr den kreativen und intuitiven Fähigkeiten zu widmen.

Die Stärken der rechten Gehirnhälfte: Intuition und Kreativität

Am Beispiel der unterschiedlichen Arbeitsweisen der beiden Gehirnhälften lassen sich auch diese beiden, meist unklaren Begriffe erklären. Sie sind unter anderem auch deshalb so schwierig zu beschreiben, weil sie den Funktionen der rechten Gehirnhälfte zugeordnet sind und sich daher schwer in Worte fassen lassen.

Intuition erfolgt nicht schrittweise, sondern plötzlich. Nehmen wir das Beispiel zweier Jungen, die sich einen Ball zuwerfen. Sie fangen den Ball »intuitiv«, d.h. sie überlegen sich vorher nicht, welche Bewegungen sie ausführen müssen, um im richtigen Moment den Arm auszustrecken und die Hand zu öffnen. Im Gegenteil, würden sie versuchen, sich auf diese Vorgänge zu konzentrieren, wären sie nicht in der Lage, den Ball aufzufangen. Fragt man sie, wie sie den Ball fangen, dann würden sie wahrscheinlich antworten: »So!« und es vormachen. Sie könnten es nicht mit Worten erklären.

Erklärbar werden diese Vorgänge durch die Physik, mit deren Hilfe man Flugbahnen, Abweichungen etc. berechnen kann. Würde man jedoch versuchen, anhand solcher Berechnungen den Ball zu fangen, wäre man viel zu langsam.

Die ganzheitliche »Intelligenz« des rechten Gehirns für das Auffangen des Balles nützt dem linken Gehirn für das Berechnen der entsprechenden Formeln ebensowenig, wie die physikalischen Formeln dem rechten Gehirn beim Auffangen des Balls von Nutzen sind.

Blakeslee sagt dazu: »Intuition alleine ist solange nutzlos, solange sie nicht verbal und und logisch bestätigt werden kann. Aber Logik und Sprache allein sind zu starr, da sie in Worten denken und damit begrenzt sind.«

Unter Kreativität läßt sich die Fähigkeit des Erkennens und Ergänzens von Bruchstücken zu einem Ganzen verstehen. Wenn Sie die Zeichnung eines halben Gesichtes ansehen, sind Sie dennoch in der Lage, das vollständige Gesicht darin zu erkennen. Dieses einfache Beispiel zeigt den wesentlichen Aspekt der Kreativität, mit dessen Hilfe wir in der Lage sind, ein Bruchstück zu einem Ganzen zu machen. Wie auch der Computer, nimmt jedoch die linke Hemisphäre nur das wahr, was da ist und kann es nicht ergänzen. Gerade aber der Schritt über die Grenzen der linken Hemisphäre hinauszugehen, bedeutet kreativ zu sein.

Genau diese Fähigkeit wird von der meist verbal-logisch ausgerichteten Pädagogik wenig gefördert, im Gegenteil oft sogar behindert. Nur Kindern, Musikern, Künstlern oder manchen Wissenschaftlern wird diese Fähigkeit zugesprochen und gesellschaftlich gestattet. Sie dürfen kreativ sein und Dinge auch einmal anders als gewöhnlich sehen. Dabei ist Kreativität und Intuition in vielen Fällen eine schnellere und wirksamere Art des Denkens als die logisch-verbale. Viele berühmte Menschen, wie z.B. Einstein, Mozart, Max Planck, haben neben ihren fachlichen Fähigkeiten vor allem auf ihre Intuition und Kreativität gebaut.

Kreativ sein heißt, Dinge von mehreren Seiten zu betrachten und gewohnte Bahnen zu verlassen. Versuchen Sie einmal, die neun Punkte auf dem Bild mit vier zusammenhängenden Linien zu verbinden.

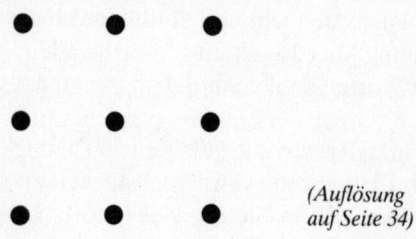

(Auflösung auf Seite 34)

Wie sind Sie vorgegangen? Meistens beginnt man seine Versuche »im Rahmen«, das heißt innerhalb des Vierecks. Eine Lösung gibt es aber in diesem Fall nur, wenn man den »Rahmen« verläßt. Genauso ist es in vielen anderen Bereichen, und mit einiger Übung läßt sich die eigene Kreativität intensiv beleben.

Gerade auch von Kindern kann man sehr viel lernen. Dazu folgendes Gespräch mit einem fünfjährigen Kind:

Erwachsener: »Warum sind die Blumen bunt?«
Kind: »Ich weiß es! Wegen der Bienen.«
Erwachsener: »Was machen die Bienen denn?«
Kind: »Sie machen Honig.«
Erwachsener: »Wie finden die Bienen die Blumen?«
Kind: »Schön.«

Dieses nette Beispiel zeigt, daß Kinder oft noch nicht logisch denken, sondern unmittelbar auf das Vorangegangene reagieren. Wenn hierbei auch die Antwort im Zusammenhang nicht richtig war, so war sie es doch in bezug auf die letzte Frage, zumindest aus der Sicht des Kindes.

Diese Fähigkeit, Dinge zu sehen, wie sie sind, und dennoch den Zusammenhang vor Augen zu haben, kann man als Kreativität bezeichnen.

Auch bei Hobbys wird gelernt!

Wenn man von Lernen spricht, so denken die meisten Menschen zuerst an Schule, Lehrer, Anstrengung, unangenehme Atmosphäre, Angst, etwas Falsches zu sagen, Streß vor Prüfungen usw.

Denken Sie jetzt mal an einen Abend in der Runde Ihrer Freunde, die Ihnen ein neues Spiel erklären, das gerade gespielt wird. Sie werden kaum auf die Idee kommen zu sagen, Sie hätten an jenem Abend gelernt. Der Freund, der das neue Spiel erklärt, hat auch in keiner Weise durchblicken lassen, daß das Spiel möglicherweise von Ihnen nicht verstanden werden könnte. Er hat ebensowenig angedeutet, daß Sie vom Spiel ausgeschlossen werden, wenn Sie es nicht gleich verstehen und Fehler machen.

Die Herangehensweise ist eine grundverschiedene: Jemand erklärt das neue Spiel, damit Sie wissen, worum es geht, und sogleich mitspielen können. Meist beginnt die Erklärung folgendermaßen: »Paß auf, es ist ganz einfach, du mußt nur dies und das beachten …« Die ersten Spiele dienen der Übung, jeder weiß das und keiner wird ärgerlich oder ungehalten, wenn Sie einen Fehler machen. Meist haben wir alle sehr viel Spaß dabei, und manchmal kann ein Fehler Auslöser für großes Gelächter sein.

Bei der Beschäftigung mit einem Hobby ist es das gleiche. Ein Briefmarkensammler besitzt zum Beispiel ein immenses Wissen. Er mußte sich sehr viele Informationen aneignen. Wenn er eine Briefmarke sieht, kann er Aussagen über Land, Herkunft, Zeit, Umstände, Wert und vieles mehr machen. Aber er hat sich nie hingesetzt und Briefmarken »gelernt«, indem er sie wie in einem Vokabelheft in die linke Spalte klebte und in der rechten Spalte die Informationen auflistete, um sie dann auswendig zu lernen. Trotzdem hat er alle wichtigen Informationen gespeichert und kann sie jederzeit abrufen. Für den Briefmarkensammler ist das Betrachten einer Briefmarke ebenso ein Genuß wie für den Segler das Segeln.

Bei den Hobbys ist die Motivation sehr hoch und steht in direkter Verbindung mit der Ausübung. Daß man dabei auch noch Informationen aufnimmt und ein detailliertes Wissen über bestimmte Vorgänge gewinnt, daß man dabei etwas »lernt«, erscheint eher als Nebenprodukt. Wer sein Hobby ausübt, freut sich darauf. Er ist entspannt und konzentriert. Meist fühlt man sich auch körperlich wohl, weil man eine behagliche Umgebung und bequeme Kleidung gewählt hat. Man braucht sich nicht vor Fehlern und Nichtwissen zu fürchten, denn schließlich geht es um nichts. Man kann sich frei entfalten, weil einem niemand vorschreibt, was man wie zu tun hat. Trotzdem — oder gerade deshalb — lernt man dabei.

Auflösung
von Seite 32:

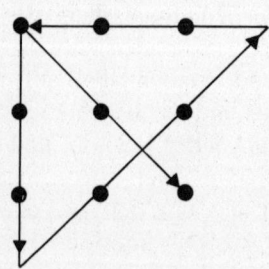

Die Frage, warum beispielsweise bei Hobbys so leicht, bei
»trockenen« Lerngebieten dagegen schwer gelernt wird,
hängt mit der Arbeitsweise unseres Langzeitgedächtnisses zusammen. Alle Informationen werden zunächst im
Kurzzeitgedächtnis gespeichert. Wie schnell und ob sie
ins Langzeitgedächtnis kommen, hängt von der Intensität
dieser Information ab.
Eine sehr hohe Intensität haben alle Dinge, die direkt mit
dem Leben und dem Überleben zu tun haben. So faßt ein
Kind eine heiße Herdplatte nur einmal an. Diese Information ist sofort im Langzeitgedächtnis verankert. Den
zweithöchsten Intensitätsgrad haben Informationen, die
mit Interessen wie z.B. Hobbys zusammenhängen. Abgesehen vom Fehlen jeglicher Lernblockaden werden hierbei beide Gehirnhälften gleichermaßen zur Speicherung
der Information benutzt: sowohl das mit der Information
zusammenhängende Wort, als auch entsprechende Bilder
und Gefühle.

Einen sehr niedrigen Intensitätsgrad hat dagegen das Lernen von einzelnen Vokabeln, Formeln, Daten etc., solange sie nicht in einem bildhaften Zusammenhang stehen.
Hierbei fällt es — vereinfacht ausgedrückt — dem Langzeitgedächtnis sehr schwer, diese Fakten einzusortieren,
denn es gibt keine Anhaltspunkte. Meist ist es notwendig,
den Stoff sehr oft zu wiederholen, ihn mit Bildern und
Leben zu füllen, damit beide Hirnhälften angeregt werden, was die Speicherung im Langzeitgedächtnis erheblich erleichtert.

Sehen, hören, fühlen: die verschiedenen Lerntypen

Was für ein Lerntyp bin ich?
Um das herauszufinden, haben wir folgenden Test für Sie zusammengestellt. Kreuzen Sie die jeweils für Sie zutreffende Antwort an. Das Ergebnis finden Sie am Ende des Tests.

---

1. **Wenn Sie mit jemandem einer Meinung sind, was sagen Sie dann?**

A) Ja, das sehe ich auch so. ☐
B) Ja, das klingt richtig. ☐
C) Ja, das fühlt sich gut an. ☐

---

2. **Wenn Sie jemand überzeugt hat?**

A) Diese Lösung leuchtet mir ein. ☐
B) Das hört sich gut an. ☐
C) Damit fühle ich mich wohl. ☐

---

3. **Wenn Sie spontan etwas verstanden haben?**

A) Jetzt geht mir ein Licht auf. ☐
B) Bei mir hat's geklickt. ☐
C) Jetzt hab ich das Gefühl, ich hab's verstanden. ☐

---

4. **Wenn Sie wissen wollen, ob jemand Sie verstanden hat?**

A) Kannst du dir das vorstellen? ☐
B) Hast du so etwas schon gehört? ☐
C) Kannst du mir folgen? ☐

---

5. **Wenn Sie von einer Idee begeistert sind?**

A) Das ist mir äußerst einleuchtend! ☐
B) Das ist Musik in meinen Ohren! ☐
C) Das ist Balsam für meine Seele! ☐

---

6. **Wenn es jemandem schlecht geht?**

A) Mir scheint, dir geht es nicht gut. ☐
B) Ich höre, daß du unglücklich bist. ☐
C) Ich spüre, daß du dich nicht wohl fühlst. ☐

7. **Wenn Sie absolut dagegen sind?**

A) Das schau ich mir nicht länger an. ☐
B) Das kann ich nicht länger mit anhören. ☐
C) Das ertrage ich nicht länger. ☐

8. **Wenn Sie ein Wort buchstabieren?**

A) Sehen Sie das Wort vor sich? ☐
B) Sprechen Sie das Wort innerlich mit? ☐
C) Schreiben Sie das Wort auf? ☐

9. **Wenn Sie sich entspannen, was tun Sie?**

A) Fernsehen, Kino, Lesen, Theater ☐
B) Musik hören, der Natur lauschen, mit Haustieren reden ☐
C) Sport, Spiele, Tanzen ☐

10. **Vergessen Sie leicht ...**

A) Namen, merken sich statt dessen aber Gesichter? ☐
B) Gesichter, merken sich statt dessen jedoch Namen? ☐
C) Oder erinnern Sie sich am besten an Erlebnisse, die im Zusammenhang mit Personen stattfinden? ☐

Zählen Sie nun zusammen, wieviel A-, B- und C-Punkte Sie haben. Wenn Sie am meisten A-Punkte haben, sind Sie schwerpunktmäßig ein visueller Lerntyp. Sind es mehr B-Punkte, sind Sie ein auditiver Lerntyp. Im Falle C sind Sie eher ein kinesthetischer Lerntyp.

A) Der **visuelle Lerntyp** muß die Dinge sehen, um sie zu verstehen. Das läßt sich auch an seinem sprachlichen Ausdruck erkennen. Er verwendet Formulierungen wie: »Das leuchtet mir ein« oder »Das sehe ich aber nicht so« oder »Stell dir vor …«

B) Der **auditive Lerntyp** nimmt hauptsächlich akustisch auf. Tonfall, Klänge und Geräusche sind wichtig. Er kann es nicht ertragen, wenn der Fernseher oder das Radio läuft, während er liest oder sich unterhält. Musiker sind stark auditiv ausgerichtet. Diese Menschen sagen: »Das hört sich gut an« oder »Das kann ich nicht hören« oder »Hör mal zu«.

C) Der **kinestethische Lerntyp** muß einen gefühlsmäßigen Bezug zu den Informationen herstellen. Bewegungen und körperliche Sensationen sind wichtig. Oft sind Ingenieure und Architekten kinestethisch veranlagt. Sie »erfühlen« den Druck oder das Spannungsverhältnis einer Brücke, die sie konstruieren oder empfinden den Raum, den sie entwerfen. Diese Menschen verwenden folgende Formulierungen, die sie meist mit Gesten unterstreichen: »Dabei habe ich absolut kein gutes Gefühl« oder »Wie sollen wir das anpacken?« oder »Versetz dich einmal in die Lage …«

Selbstverständlich gibt es keinen reinen visuellen, auditiven oder kinestethischen Lerntyp, aber es gibt eine mehr oder weniger starke Ausprägung eines Sinnes bezüglich der Informationsaufnahme.
Es ist natürlich sehr nützlich zu wissen, welchem Lerntyp man am meisten entspricht, da man daran erkennt, warum man Informationen auf die eine Weise leichter, auf die andere schwerer aufnehmen und verstehen kann.

Mind Mapping

Wir möchten Ihnen an dieser Stelle ein ebenso einfaches wie wirkungsvolles Mittel vorstellen, das Ihnen eine große Unterstützung sein wird:

— beim Lesen dieses Buches;
— bei der Umsetzung von Superlearning auf Ihr persönliches Lerngebiet;
— für das ganzheitliche Erfassen von Zusammenhängen;
— für eine wesentliche Erhöhung Ihrer Merkfähigkeit;
— für die Zusammenarbeit beider Gehirnhälften.

Das Mind Mapping (Denk-Karte) von Tony Buzan kombiniert Worte bzw. Informationen mit einem Bild. Statt wie gewohnt Zusammenfassungen, Auflistungen von Gedanken oder den Inhalt eines Lerngebietes untereinander auf ein Blatt Papier zu schreiben, beginnt man in der Mitte. Zwei Beispiele kennen Sie bereits: das Bild zum Inhalt dieses Buches und zu Superlearning.
Das Thema oder die Überschrift steht dabei umrandet in der Mitte, von wo aus sternförmig die einzelnen Punkte abzweigen. Diese wiederum erhalten noch kleinere Äste, unter Umständen bis dahin, daß das Ganze wie eine Baumkrone aussieht. Symbole und Bilder sowie Querverbindungen zwischen einzelnen Ästen führen schließlich dazu, daß Sie den gesamten Bereich mit allen Zusammenhängen auf einen Blick vor sich haben.

Das ist nicht nur sehr platzsparend — ein Vortrag oder ein Buchkapitel kann in einem solchen Bild dargestellt werden — sondern Sie werden sich immer wieder leicht an dieses Bild erinnern. Auch Ergänzungen, Dinge, die Ihnen später noch einfallen, lassen sich nachträglich bequem in diesem Bild unterbringen.

Folgendes Bild zeigt Ihnen am Beispiel des Kapitels »Wie lernen wir«, wie ein solches Mind Map aufgebaut sein könnte. Sie können nun dieses Bild ergänzen, indem Sie eigene Gedanken oder persönliche Erfahrungen zu den betreffenden Punkten dazuschreiben. Damit haben Sie ein Bild, das neben den erhaltenen Informationen auch Ihre persönliche Situation mit einschließt.

Machen Sie auch für die folgenden Kapitel solche Mind Maps. Sie benötigen jeweils nur ein bis zwei Minuten, haben aber damit auf wenigen Seiten den gesamten Inhalt des Buches einschließlich ihrer eigenen Gedanken. Auch für die Anwendung von Superlearning, insbesondere für die Aufbereitung Ihres Lernstoffes, wird es Ihnen eine große Hilfe sein. Gerade weil es so schnell und einfach geht, wird Mind Mapping immer häufiger angewandt.

Hierzu noch ein Beispiel: Kennen Sie Momente, in denen Sie etwas lernen sollten, aber Unlustgefühle und Zeitmangel Sie den Lernbeginn immer wieder aufschieben lassen? (Dies wirkt sich wiederum auf das »schlechte« Gewissen aus.) Ein »Mind Map« dazu dauert wenige Minuten, bewirkt aber, daß Sie Ihre Gedanken sortieren, daß Sie den Stoff in den Griff bekommen und daß Sie mit einem guten Gefühl nach fünf oder zehn Minuten wieder aufhören können.

»Wie lernen wir?«

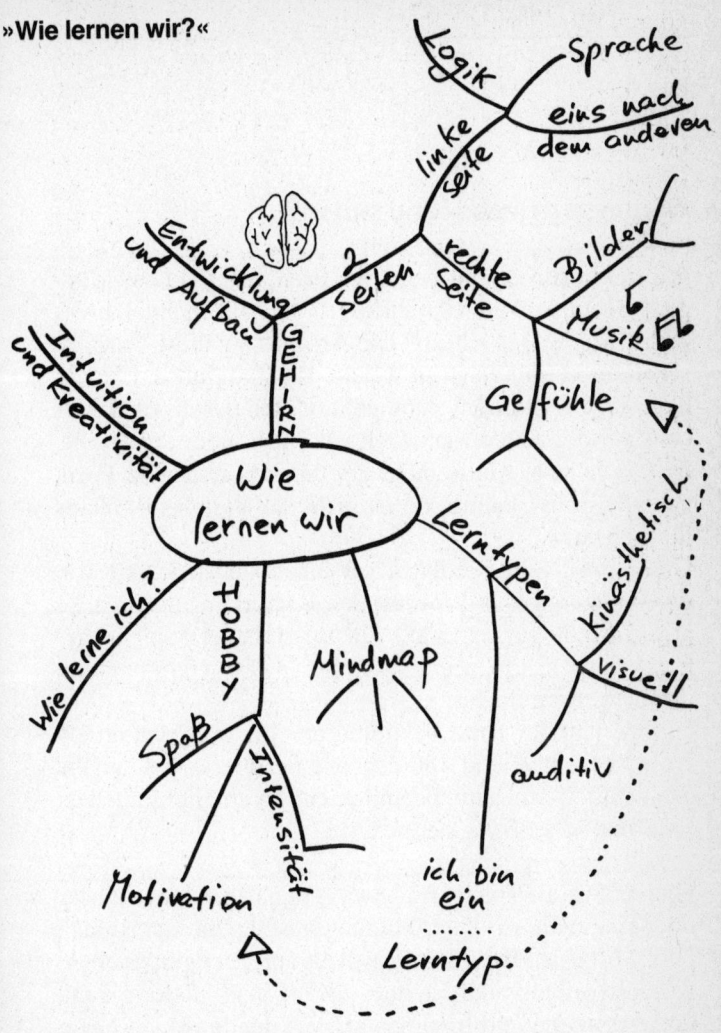

3 Das größte Gehirn, und dennoch Schwierigkeiten!

Warum lernt jedes Kind laufen?

Wieviel positives und negatives Feedback (Rückmeldungen) bekommt ein vierjähriges Kind täglich im Durchschnitt von seinen Eltern? Die Antwort auf diese Frage ist verblüffend und zeigt, in welche Richtung unsere Erziehung und Konditionierung geht. Unter negativem Feedback werden Sätze wie: »Geh jetzt nicht über die Straße, da kommt ein Auto« nicht gezählt, sondern jede Form von »Du sollst, kannst, darfst nicht; laß das, das ist nichts für dich« usw.

Unter positivem Feedback verstehen sich jede Art von unterstützenden und fördernden Bemerkungen wie z.B.: »Das hast du gut gemacht.« »Ja, du darfst jetzt spielen gehen.« »Sehr schön, wie du zeichnest.« »Es gefällt mir, daß du so eigenständig bist.«

Ein vierjähriges Kind bekommt am Tag durchschnittlich etwa 35 positive und 430 negative Feedback-Meldungen. Das heißt, der negativ beeinflussende Verhaltensanteil ist zwölfmal so groß wie der positive!

Hierzu zwei Beispiele: Ein etwa achtjähriger Junge macht mit seinen Eltern einen Sonntagsausflug. Sie halten sich über Mittag in einem Landgasthaus auf. Hier gibt es einen Kinderspielplatz und Bäume, auf die man klettern kann. Ganz behende und furchtlos klettert der Junge auf einen Baum. Seine Bewegungen sind ruhig und sicher. Da bemerkt die Mutter seine Extratouren und stößt ganz plötzlich einen schrillen Schrei des Entsetzens aus. Es folgt eine aufgeregte Tirade: »Mein Gott! Wenn du da runterfällst! Um Himmels willen! Das ist gefährlich! Was mach ich bloß?« Durch die Reaktion der Mutter verändert der Junge schlagartig sein Verhalten. Er fängt an zu zittern und bewegt sich unsicher und voller Angst, so daß er es nicht mehr ohne Hilfe schafft, wieder vom Baum hinunter zu klettern.

Ein Mädchen wird für die Grundschule angemeldet. Der Dame an der Anmeldung fällt auf, daß das Kind düster und bedrückt dreinblickt. Um es etwas aufzuheitern, sagt sie: »Du brauchst keine Angst zu haben. Die Schule ist nicht schlimm.« Das Mädchen schaut sie mit großen Augen an und antwortet: »Ja, aber mein Papa hat gesagt, wenn ich nicht gut bin in der Schule, dann liebt er mich nicht mehr.«

Normalerweise geht man davon aus, daß Eltern ihren Kindern hauptsächlich die Dinge beibringen, die sie noch nicht können. Oder noch nicht wissen. Hinzu kommt, daß Kinder sich den ausgesprochenen und unausgesprochenen Erwartungen der Eltern anpassen. Dazu gibt es zahlreiche Versuche und Experimente.

In ihrem Buch »Mut zum Erfolg« beschreibt die Psychologin und Verhaltenstherapeutin Susan Schenkel, warum Frauen heutzutage hinsichtlich ihrer Leistung und Karriere blockiert sind und was sie dagegen tun können. Dazu zitiert sie eine für die USA repräsentative wissenschaftliche Studie, die herausfand, daß Eltern von ihren Söhnen mehr Leistung, Selbständigkeit, Unabhängigkeit und Verantwortung erwarten, als von ihren Töchtern. Von den Töchtern wurde erwartet, daß sie hübsch, freundlich, wohlerzogen und aufopfernd sind und einen guten Mann und nette Kinder bekommen.

Diese elterlichen Erwartungen bestimmen die Erziehung und Entwicklung des Kindes. Kinder, und später auch Erwachsene, erfahren sich als Persönlichkeit erst einmal im Spiegel der Umwelt. Die erste prägende Umwelt wird meist von den Eltern repräsentiert. Es gibt Leute, die behaupten, daß ein Kind nur Laufen lernt, weil keiner daran zweifelt. Bis das Kind läuft, fällt es unzählige Male auf die Nase. Die Mutter ermuntert es wieder und wieder: »Irgendwann wird es schon klappen, du mußt nur Geduld haben.«

Stellen Sie sich vor, was passieren würde, wenn die Mutter über jede Ungeschicklichkeit verärgert wäre und die Versuche mit solchen Sätzen kommentieren würde: »Meine Güte, bist du schon wieder hingefallen! Wenn du so weitermachst, lernst du es nie. Wer weiß, ob du das jemals schaffen wirst, du mit deinen krummen Beinchen!« Sicherlich werden Sie jetzt lachen, denn einem Kind in dieser Weise zuzureden, klingt absurd und völlig unangebracht, denn es gibt keinen Grund, das Laufen nicht zu lernen.

Wenn es aber um andere Lerninhalte geht, dann wird oft genau in dieser Weise mit den Kindern gesprochen. Dieser negative, begrenzende und einengende Einfluß auf das Kind wird in späteren Jahren vom Lehrer und der gesamten gesellschaftlichen Umwelt fortgesetzt. Ein Beispiel hierfür sind die Schulnoten, auf die wir im nächsten Kapitel eingehen werden.

Besonders stark spüren Frauen zur Zeit diese Beschränkungen, und vielen ist es gelungen zu erkennen, daß sie selbst und ihre Fähigkeiten gar nicht dem Bild entsprechen, das sie durch Erziehung und Umwelt von sich vermittelt bekommen haben.
Es ist zum Beispiel bekannt, daß die in der Schule geübten Spiele der Jungen deren Konkurrenzfähigkeit fördern. Bei den Spielen der Mädchen wird jedoch mehr Wert auf Fairneß und Rücksichtnahme gelegt. Wenn wir aber etwas nicht üben, werden wir es im späteren Leben auch nicht ausführen können.
Durchaus vorhandene Fähigkeiten verkümmern durch permanente Unterforderung, sind dann im späteren Leben nicht präsent und fehlen dem Menschen.

Sind die Schulzensuren wirklich Spiegel unserer Fähigkeiten?

Michaela zeichnete und malte als Kind schon immer gerne und erhielt auch später in der Grundschule stets gute Noten für ihr Malen. Im Gymnasium wurde sie in Zeichnen plötzlich schlecht. Zu ihrem neuen Zeichenlehrer, einem älteren und strengen Mann, der großen Wert auf möglichst wirklichkeitsgetreue und realistische Darstellung legte, konnte sie keinen Zugang finden. Ebensowenig zu den von ihm gestellten Themen, die es auf das Papier zu bringen galt.

Nach drei Jahren Unterricht wurde ihr einstiges Lieblingsfach zum Zwang. Sie ging nur noch ungern in den Unterricht, das Zeichnen machte ihr keinen Spaß mehr, sie fühlte sich unzulänglich, minderwertig und erfolglos. Zudem litt sie darunter, daß sie diese Situation nicht verändern konnte, da der Lehrer ihr mehrmals zu verstehen gab, daß es ihr an Begabung fehle.

Als dann im vierten Schuljahr eine neue, junge Lehrerin in die Klasse kam, gab sich Michaela anfangs erst keine große Mühe. »Wozu mich anstrengen, wenn ich sowieso kein Talent habe?« dachte sie. Dennoch war ihre neue Lehrerin begeistert von ihren »Werken« und ermutigte sie weiterzumachen. Michaela merkte sehr schnell, daß die Lehrerin Ausdruckskraft, Ideenreichtum und Fantasie in einem Bild sehen wollte. Sie merkte auch, daß diese Lehrerin ganz unterschiedliche Bilder gut fand. Dadurch hatte sie die Freiheit, ihren eigenen Stil zu entwickeln. Es versteht sich von selbst, daß Michaela immer bessere Noten bekam und ihre Freude am Malen und Zeichnen sehr schnell wieder zurückgewann.

Unsere Lern- und Leistungsfähigkeit wird also in der Schule weitgehend geprägt. Ein in diesem Zusammenhang sehr schönes Beispiel ist Albert Einstein, einer der genialsten Mathematiker unserer Zeit, obwohl er in der Schule in Mathematik ein schlechter Schüler war.

Daraus läßt sich in eindeutiger Weise schließen, daß die schulischen Leistungen nichts über tatsächliche, reale Fähigkeiten aussagen, sondern Spiegelbild ganz anderer Faktoren sind. Beispielsweise dessen, wie sich der Schüler mit dem Lehrer versteht und umgekehrt. Oder welchen Lebensstil der Lehrer vorrangig anwendet, was der Lehrer vom Schüler hält und über ihn denkt.

Es steht fest, daß sowohl ein bestimmtes Verhalten als auch die Einschätzung der eigenen Fähigkeiten erlernt werden. WAHR IST, WAS WIR GLAUBEN. Doch dieser Glaube entspricht in den meisten Fällen nicht der Realität.

Es gibt einen eindrucksvollen Versuch, der an einer Schule in Kalifornien vom Psychologen Dr. Rosenthal vorgenommen wurde. Er veranstaltete IQ-Tests in den Klassen und ignorierte die Resultate. Trotzdem teilte er eine Klasse in zwei Gruppen ein. Dem Lehrer teilte er mit, daß die erste Gruppe wesentlich intelligenter sei als die zweite.

In Wirklichkeit jedoch gab es keinen Unterschied zwischen beiden Gruppen. Den Kindern wurden die Test-Resultate vorenthalten, und der Lehrer wurde gebeten, alle Schüler gleich zu behandeln. Nach acht Monaten wurden weitere Tests gemacht und die Ergebnisse beider Gruppen miteinander verglichen. Dabei stellte sich heraus, daß die erste Gruppe um 28% besser abschnitt als die zweite und ihr IQ sich erhöht hatte! Die Erwartungshaltung des Lehrers bestimmte sein Verhalten in einer Weise, daß er, obwohl er sich bemühte, bewußt alle Schüler gleich zu behandeln, auf der unbewußt-emotionalen Ebene eine Atmosphäre schuf, die sich auf die erste Gruppe fördernd und auf die zweite hemmend auswirkte. Das Resultat schockiert um so mehr, da die Schüler beider Gruppen sich in ihrer Intelligenz nicht unterschieden.

Die Konditionierung, das Bild, das andere von uns haben und die Art, wie sie uns widerspiegeln, ist unser grundlegendster Erfahrungswert mit uns selbst und selbstverständlich auch mit unseren Fähigkeiten. Wenn niemand da ist, der mit uns spricht, werden wir große Schwierigkeiten haben, das Sprechen zu lernen und unseren sprachlichen Ausdruck zu üben. Wenn wir in einer Umgebung aufwachsen, in welcher der sprachliche Ausdruck gefördert und gepflegt wird, werden wir unsere überdurchschnittliche Fähigkeit des sprachlichen Ausdrucks für ein natürliches Talent halten, das uns praktisch »in die Wiege gelegt« wurde.

Je mehr Vertrauen einem Lernenden entgegengebracht wird, desto mehr Vertrauen kann er in sich selbst aufbauen, desto höher wird er seine Fähigkeiten einschätzen, desto besser wird es ihm gelingen, mit Schwierigkeiten fertig zu werden und Probleme zu lösen. Das Leistungsniveau des Kindes richtet sich nach den Erwartungen, die in es gesetzt werden. Und nicht umgekehrt!

Man kann jeden Menschen dazu bringen, Dinge, die er gern tut, aufzugeben. Man muß ihn nur zwingen, sie zu einem bestimmten Zeitpunkt unter unangenehmen Bedingungen auf eine ihm nicht entsprechende Weise zu tun. Vergleicht man erbrachte Leistungen immer wieder mit noch besseren, mißt man Fehlern große Bedeutung zu und pocht auf Perfektion, dann wird der Spaß an der Sache sehr schnell verschwinden. Die freie, kreative und zwanglose Entfaltung wird dadurch behindert, wenn nicht ganz und gar unmöglich gemacht.

Dazu eine wahre Geschichte: Als Sabine sechs Jahre alt war, wollte sie unbedingt Klavierspielen lernen. Ihre Eltern, die ihren Wunsch erst für eine Marotte hielten, ließen sie ein Jahr lang warten, um sicherzugehen, daß sie es auch ernst meinte. Schließlich ist ein Klavier um einiges teurer als eine Puppe. Als Sabine endlich Klavierspielen lernen durfte, war ihre Freude schon überschattet von dem unausgesprochenen Druck, Klavierspielen zu MÜSSEN. Das tägliche Üben wurde zum MUSS erklärt. »Hast du heute schon Klavier geübt?« »Du weißt, wenn du nicht übst, lernst du nichts, dann haben wir das Geld zum Fenster hinausgeworfen.« »Du WOLLTEST es ja lernen, jetzt MUSST du auch etwas dafür tun!« Das Klavier wurde manchmal auch als Strafmaßnahme eingesetzt: »Du gehst jetzt nicht schwimmen, sondern übst Klavier. Schließlich hast du gestern nicht geübt.«

Sicherlich haben es die Eltern gut gemeint, und aus ihrer Situation heraus glaubten sie das Beste zu tun. In Wirklichkeit haben sie jedoch in Sabine die Freude und den Spaß am Spielen zerstört, weil sie es immer wieder mit negativen und unangenehmen Dingen verankert haben. Letztlich war das Spielen mehr zur Qual als zur Freude geworden und eine Fähigkeit verkümmerte, anstatt zu wachsen und sich zu entfalten.

An Beispielen dieser Art, die wohl jeder aus eigener Erfahrung kennt, läßt sich sehen, wie stark negative äußere Faktoren wie Druck, Strafe, Drohung, häßliche Umgebung und Kontrolle das Lernen beeinflussen. Sie können unsere gesamte Haltung, unsere innere Einstellung und somit unsere Motivation prägen.

Das Endprodukt: der Erwachsene

Gemäß dem Feedback der Umwelt und der damit in Zusammenhang stehenden Erfahrungen neigt fast jeder Mensch dazu, die Urteile und Meinungen anderer als wahr anzusehen und zu verinnerlichen. Weit spezifischer als durch Begabung wird das Lernen durch die Fähigkeit beeinflußt, früher gelernte Verhaltensweisen auf die neue Lernsituation zu übertragen. Diese Übertragungsfähigkeit hängt wesentlich von den vorausgegangenen Fähigkeiten des Individuums ab.

Selbstbild, Selbsteinschätzung und Selbstwertgefühl bestimmt im Wesentlichen das, was wir Begabung und Talent nennen. Jemand, der das Gefühl hat, daß er es schaffen wird, geht auf ganz andere Weise an eine Sache heran. Er hat einen anderen Umgang mit auftretenden Schwierigkeiten als jemand, der von vorneherein zu wissen glaubt, daß er etwas nicht kann. Warum es also überhaupt versuchen? Oder man könnte es ja versuchen, aber es wird sicher nicht gelingen.

Sie kennen diesen Mechanismus wahrscheinlich aus eigener Erfahrung, denn für jeden gibt es Bereiche, in denen er sich unfähig fühlt.

Machen Sie einmal folgenden Versuch: Nehmen Sie Papier und Stift und schreiben Sie spontan zehn Dinge auf, die Sie können. Anschließend machen Sie das gleiche mit zehn Dingen, die Sie glauben, nicht zu können.

Was ging Ihnen leichter von der Hand? Die erste oder die zweite Liste? In der Regel fällt es viel leichter, negative Punkte zu finden. Befindet man sich zudem noch in einer Situation, in der Negatives überwiegt, wird es meist noch schwerer, überhaupt etwas Gutes an sich zu finden.

Ein sehr wirkungsvolles Mittel, dem zu begegnen, ist es, sich in einer guten Stimmung einmal in Ruhe alle eigenen Stärken und positiven Eigenschaften zu vergegenwärtigen. Diese, liebevoll und in ansprechender Weise auf ein großes Blatt Papier aufgeschrieben, helfen in den Phasen, in welchen die negative Selbsteinschätzung so stark wird, daß man nahezu an allem verzweifelt.

Ob negativ oder positiv — beides ist nicht unbedingt eine absolute Aussage über Ihre wirklichen Fähigkeiten. Es ist Ausdruck von gemachten Erfahrungen und der Erziehung. Nehmen Sie das Beispiel der häufig zu hörenden Aussagen »Ich bin sprachbegabt« oder »Ich bin nicht sprachbegabt«. Beide Vertreter haben als Kind eine Sprache, nämlich ihre Muttersprache, gelernt und sind somit zunächst einmal offensichtlich sprachbegabt.

Der Geschichte eines Menschen, der nach dem Lernen einer Fremdsprache von sich glaubt, »sprachbegabt« zu sein, könnte folgendermaßen aussehen: »Bis zur ersten Englischstunde hatte ich keine sonderlichen Schwierigkeiten in der Schule, und ich war gespannt auf die neue Lehrerin. Vom ersten Moment an hatte ich ein gutes Gefühl der Lehrerin gegenüber. Sie war nett und begann den Unterricht auf eine lustige und leicht verständliche Weise. Nach dem ersten Jahr spiegelte die gute Note das wider, und obwohl ein Lehrerwechsel diese etwas absinken ließ, war ich doch der Meinung, daß Fremdsprachen lernen einfach ist. Auch das manchmal recht unangenehme Vokabellernen machte ich regelmäßig und konnte gut folgen. Bei der zweiten Fremdsprache bewirkte diese positive Einstellung, daß ich auch hier wieder gut mitkam.

Über die Jahre verstärkten die Noten meine positive Selbsteinschätzung und die der Lehrer mir gegenüber. ›Ich bin sprachbegabt‹ war das Ergebnis, obwohl es bei mir lediglich bedeutete, daß ich dem Sprachunterricht in der Schule folgen konnte, nicht aber wirklich sprechen gelernt hatte. Das mußte ich dann bei einigen Auslandsaufenthalten nachholen.«

Nun die zweite Geschichte: »Meine Eltern erzählten mir vor meiner ersten Englischstunde, daß nicht nur sie, sondern auch schon die Großeltern mit Fremdsprachen große Mühen hatten. Nach den ersten paar Stunden war mir

klar, daß ich diese Reihe fortsetzen würde. Mit dem Lehrer kam ich überhaupt nicht klar, und wozu sollte ich überhaupt diese komischen Worte lernen? Nach mehreren Jahren zähen Ringens und einigen Bauchschmerzen hatte ich dann einen sehr guten Lehrer, der mich förderte. Aber meine Lücken waren mittlerweile so groß und meine Selbsteinschätzung schon so gefestigt, daß es keinen Sinn hatte. ›Ich bin sprachunbegabt‹ war das Ergebnis, was sich auch in der zweiten Fremdsprache bewies.
Als ich zu einem späteren Zeitpunkt beruflich längere Zeit in die USA ging, stellte ich nach kurzer Zeit fest, daß ich mich sehr gut verständigen konnte und mir neue Worte ohne Mühe merken konnte. Trotz dieser neuen und unerwarteten Erfahrung dauerte es einige Zeit, bis ich mein ›sprachunbegabt‹ durch ›sprachbegabt‹ ersetzen konnte.«

Sie sehen, daß im zweiten Beispiel ein beruflicher Umstand zu einer Wendung geführt hat. Meistens ist so eine von außen kommende Situation aber nicht gegeben, und die negative Selbsteinschätzung blieb über die Schule hinaus bestehen. Es kann auch soweit führen, daß man Situationen bewußt meidet, die die eigene scheinbare Unfähigkeit betreffen. Indem man z.B. eine interessante Aufgabe im Ausland ablehnt, nur weil man glaubt, die Sprache nicht erlernen zu können.

Fassen wir also zusammen: Jede Form von Fähigkeiten und Unfähigkeiten ist in den meisten Fällen Ergebnis der Erziehung und damit der Selbsteinschätzung. Beide sind nicht wirklich real und daher veränderbar im Positiven wie auch im Negativen.

Angst macht Stress

Ängste sind ein wesentlicher Grund für Stress.

Wenn sich ein Mensch bedroht fühlt, reagiert er mit Angst. Hinter diesem Begriff verbergen sich viele komplizierte Vorgänge, die sich im Innern abspielen. Was geht nun eigentlich in einem vor, wenn man sich bedroht fühlt?

Die darauf folgende Angst — oder Alarmreaktion ist ein Mechanismus, der sich im Laufe der Entwicklung der Menschheit geformt hat. Sie bewirkt, daß in einer bedrohlichen Situation schlagartig die Energiereserven des Organismus mobilisiert werden. Damit ist dieser optimal auf Flucht oder Angriff eingestellt.

Diese unmittelbare körperliche Reaktion war für den Menschen in seiner Frühgeschichte lebenswichtig. Damals waren die bedrohlichen Faktoren in erster Linie wilde Tiere und feindliche Stämme. Ohne diese Alarmreaktion hätten unsere Urväter kaum eine Überlebenschance gehabt?

Henry G. Tietze beschreibt die Reaktionen, die in einer solchen Situation ablaufen, folgendermaßen: »Durch die Reizzustände wird zunächst der Hypothalamus angeregt, er veranlaßt nun andere Hormondrüsen, besonders die Nebennieren, Hormonausschüttungen vorzunehmen. Über den Sympathikus werden sofort Adrenalin und Noradrenalin in den Kreislauf geschickt. Das Adrenalin, man könnte es in diesem Zusammenhang als Fluchthormon bezeichnen, mobilisiert die Zuckerreserven, verengt die Blutgefäße, erhöht die Blutgerinnung und unterdrückt Immunreaktionen. Das Noradrenalin dagegen, man könnte es als Angriffshormon ansehen, aktiviert die Fettreserven des Körpers, es beschleunigt die Herzreaktion und den Kreislauf. Der angeregte Sympathikus sorgt für die Erhöhung der Muskelspannung und der allgemeinen

Aufmerksamkeit, die Atmung wird intensiviert, auch die Pupillen erweitern sich.«

Diese hier beschriebenen Vorgänge wirken sich auch auf das Gehirn und damit auf das Denkvermögen aus. »Die Information kann nicht an ihren Bestimmungsort gelangen, und wir haben es je nachdem mit Denkblockaden, Sinnesstörungen oder Gedächtnislücken zu tun — ganz gleich, wie fest man etwas gelernt hat oder wie intelligent man ist.«

Angst, Druck, Mühe und Anstrengung führen zu Stress und behindern das Lernen und Arbeiten in hohem Maß. Stresshormone beeinflussen die Schaltstellen zwischen den Nervenzellen negativ, d.h. sie können das Weiterleiten von Informationen verhindern und Assoziationen blockieren.
Da ist beispielsweise das Phänomen von Prüfungsangst. Vor der Prüfung wußte man noch alles und war fachlich bestens vorbereitet. In der Prüfung selbst wirken sich dann Ängste unterschiedlichster Art verheerend auf das Denk- und Erinnerungsvermögen aus. Man bleibt dann irgendwo hängen und kommt nicht mehr weiter. Die Information ist plötzlich nicht mehr verfügbar. Erst wenn die Prüfung vorbei ist und die Angst sich gelegt hat, können die Informationen wieder abgerufen werden.

Alle diese Faktoren bestimmen aber nicht nur die Wiedergabe von Informationen, sondern auch die Informationsaufnahme, also das Lernen. In einer angstbestimmten, leistungsorientierten Pädagogik, die mit Strafe und Belohnung arbeitet, gerät der Lernende unweigerlich unter mehr oder weniger starken inneren Druck und Stress. Denn von seinen Leistungen hängt soviel mehr ab als das bloße Erlernen bestimmter Fähigkeiten. Leistung bedeutet in unserer Gesellschaft Identität, Ansehen, Macht und steht im Zusammenhang mit materieller Freiheit und dem Erwerb von Liebe und Sympathie, Bewunderung und Respekt. Von der schulischen Leistung wird oft die Zukunft eines ganzen Lebens abhängig gemacht.

Dieser psychische Stress bildet den psychologischen Grundtenor, der junge Menschen bis zum Schulabschluß begleitet.

Die Vermeidung von Gefühlen

Wie wir schon angedeutet haben, liegt eine der Ursachen für die Entfremdung des Menschen in den Wertsetzungen unserer Gesellschaft. Der »Wert« eines Menschen wird hauptsächlich von seinen sichtbaren Leistungen, seinem Status, bestimmt. Die persönliche, menschliche Reife spielt allenfalls in privaten Kontakten eine Rolle. Die Angst, Schwächen zuzugeben und Gefühle vor anderen offen zu zeigen, verhärtet nur den Panzer, mit dem Menschen sich voreinander schützen wollen.

Schon von frühester Kindheit an beginnen die meisten Menschen zu lernen, daß ein Zurückhalten unangenehmer Gefühle von der Umgebung eher akzeptiert wird als ihr freier Ausdruck. Das einfachste Beispiel ist wohl, wenn ein Kind hört: »Wein doch nicht, es gibt gar keinen Grund.« Oder: »Stell dich doch nicht so an. Es wird schon nicht so schlimm sein.« Für das Kind ist der Schmerz, den es empfindet, »Grund« genug, ihn auch auszudrücken. Für den Erwachsenen nicht mehr.

Wenn Sie morgens ins Büro gehen und auf die Frage »Guten Morgen, wie geht's?« statt des obligaten »Danke, gut und Ihnen?« die ausführliche Beschreibung eines Familiendramas zu hören bekämen, wie würden Sie sich verhalten? Ein Mensch, den Sie kaum kennen, bricht vor Ihnen zusammen und schüttet sein Herz aus. Er schluchzt und weint.

Sicherlich findet man ein solches Verhalten unangebracht, weil man keine Reaktionsmöglichkeit darauf kennt. Wir sind nicht gewohnt, mit schmerzvollen und negativen Gefühlen offen umzugehen. Im gesellschaftlichen Leben ist dafür kein Platz.

Das Zurückhalten von Gefühlen wirkt sich als erstes auf die Atmung aus. Das Atmen wird flacher, und der Körper wird dadurch mit weniger Sauerstoff versorgt. Durch die verminderte Sauerstoffzufuhr wird die Sensibilität für das Erlebte herabgesetzt. Das bewirkt, daß man die eigenen Gefühle nicht mehr so deutlich wahrnehmen kann und auch nach außen nicht mehr so stark darauf reagiert. Diese verminderte Sauerstoffzufuhr führt zu Verspannungen im Körper.

Sie treten bevorzugt am Nacken auf. An dieser Stelle haben viele Menschen häufige Beschwerden. Dadurch wird Energie blockiert, was die Spannungen noch vermehrt.

Es wurden schon viele überzeugende Hinweise für die Annahme gefunden, daß das heute so häufige Auftreten von Herzanfällen (ebenso wie Magenbeschwerden, Kurzsichtigkeit, Atembeschwerden) mit einer Verschiebung dieser blockierten Energien im Inneren zusammenhängt. Viele Menschen halten ihren Körper so »fest«, daß sie sich nur noch in starren Mustern bewegen können.

Sie sehen, wie eng Psyche und Körper zusammenhängen und wie stark sie sich gegenseitig beeinflussen. Zunächst hält man seine Gefühle zurück, was zu Verspannungen des Körpers führt. Später verhindern diese Verspannungen dann wiederum den freien Fluß der Gefühle. Dieses ungesunde Verhalten und die Unterdrückung der inneren Regungen und Bedürfnisse verhindert, daß sich Kinder und später Erwachsene frei entfalten können. Statt dessen lernen wir, Masken zu tragen und Rollen zu spielen.

Chronische Muskelverspannungen und andauernde Störungen des vegetativen Gleichgewichts führen mit der Zeit zu organischen Schädigungen. Aber unsere »inneren Augen« sind erblindet. Ihnen entgeht der systematische Raubbau, den wir an uns betreiben.
Zur Veranschaulichung möchten wir das »Froschgleichnis« anführen. Es ist traurig genug, daß derartige Experimente durchgeführt werden, auch dies deutet auf die emotionale Kälte und Überbetonung des gefühllosen Verstandes hin: Wird ein Frosch in sehr heißes Wasser geworfen, so gerät er in Panik und versucht verständlicherweise, so schnell wie möglich den Behälter zu verlassen. Wird er jedoch in kaltes Wasser gesetzt, das langsam erhitzt wird, so läßt er sich fast ohne Widerstand kochen.

Ebenso wie der Frosch reagieren die meisten Menschen erst dann auf die äußere und innere Bedrohung der Natur, wenn sie so krank geworden sind, daß häufig schon alles zu spät ist.

Warum es schädlich ist, wenn man Leidensdruck und unangenehme Gefühle verdrängt, beschreiben Schwäbisch und Siems folgendermaßen: »Bei den meisten Menschen, die sich als gänzlich frei von allem Leidensdruck darstellen, ist die Verdrängung der unangenehmen Gedanken nur um so ›erfolgreicher‹ gewesen, sie sind so stark unterdrückt worden, daß Sie anscheinend verschwunden waren, wegblieben, nicht mehr existieren, vergessen werden konnten. Diese Menschen bieten das Bild des normalen

›gut angepaßten‹ Zeitgenossen. Aber dieser Weg ist kein Ausweg. Das Gefährliche an dieser Scheinharmonie ist, daß die besonders gewaltsam unterdrückten Gedanken sich somatisieren, das heißt, sich als körperliches Leiden zum Ausdruck bringen. Und außerdem wird das Vermeiden des Leidensdrucks bezahlt mit einem Verlust des Zugangs zum eigenen Unterbewußtsein.

Bewußtsein und Unterbewußtsein werden als zwei scharf getrennte Bereiche gesehen, zwischen denen jeglicher Grenzverkehr ausgeschlossen ist. Die inneren Bilder, Intuitionen und Körpersignale können von solchen total selbstbeherrschten Musterexemplaren der Angepaßtheit gar nicht mehr als Energiequelle, Rohstoffe und Stoffwechselprozesse ihres Seelenlebens genutzt werden. Sie treiben gewissermaßen eine seelische Monokultur, die den Mutterboden auslaugt und unfruchtbar werden läßt. Die Folge ist innere Vertrocknung, Versteppung, Verwüstung. Die schöpferische Energie, die produktive Kreativität geht verloren. Zurück bleibt ein leidlich, ja gelegentlich perfekt funktionierender Partialtyp, den wir alle als Musterknaben, Arbeitstier, Prinzipienreiter, Bürokraten und Technokraten kennen: ein Mensch, der eben kein ›richtiger Mensch‹ mehr ist, weil er seine unbewußten Seelenfunktionen ständig abwürgt.«

Ist ein solcher Panzer sozusagen für den Selbstschutz aufgebaut worden und hat somit einmal eine wichtige Funktion gehabt, so ist doch in der Regel die Ursache nicht mehr vorhanden. Statt zu schützen, wirkt er jetzt hemmend und blockierend. Im Bereich des Lernens, aber auch sonst verhindert er die freie Entfaltung von Intuition, Kreativität und einen lebendigen Ausdruck.

Superlearning läßt solche Verspannungen im Ansatz gar nicht erst aufkommen. Und es bietet die Möglichkeit, bestehende Spannungen aufzulösen.

Es wäre sicherlich zu einfach, nur die Eltern und die Gesellschaft für eigene Probleme verantwortlich zu machen. Sie zu erkennen, ist jedoch ein erster Schritt in diese Richtung. JEDER HAT DIE MÖGLICHKEIT, SICH VON DIESEN ZWÄNGEN ZU BEFREIEN.

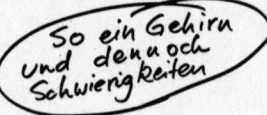

So ein Gehirn und dennoch Schwierigkeiten

4 Wie sich Superlearning entwickelte

Dr. Georgi Lozanov — Begründer der Suggestopädie

Dr. Georgi Lozanov, ein bulgarischer Arzt und Psychotherapeut, hat sich schon in den 50er und 60er Jahren durch seine Arbeiten auf dem Gebiet der Schlaf- und Hypnoseforschung einen Namen gemacht. Größere Beachtung fand die Suggestologie, als sie 1965 in Bulgarien zur Schmerzkontrolle bei medizinischen Eingriffen eingesetzt wurde. Dabei wurden die Patienten in eine Art Trancezustand versetzt, der es ermöglichte, Operationen bei vollem Bewußtsein ohne jegliche Medikamente durchzuführen. Diese Behandlung hat, laut Dr. Lozanov, nichts mit Hypnose zu tun. Sie steht vielmehr dem Yoga und dem autogenen Training nahe.

Eine solche Operation wurde für das Fernsehen aufgezeichnet und als anschaulicher Beweis für die Möglichkeiten der Suggestologie auf einem internationalen Kongreß 1967 in Rom gezeigt. Manch einer im Auditorium schien mehr zu leiden als der Patient selbst, dem bei vollem Bewußtsein die Leiste aufgeschnitten wurde und der laufend über sein Befinden berichtete. Während der 50minütigen Operation war der Mann bis auf zwei Minuten absolut schmerzfrei.

Dr. Lozanov wandte seine suggestologische Therapie noch auf verschiedenen anderen Gebieten der Medizin und Psychotherapie an, unter anderem auch bei Geburten. Er behandelte auch viele Patienten, die an Störungen der geistigen und körperlichen Funktionen litten, was sich in verschiedenen Spannungskrankheiten und Neurosen ausdrückte.

Inspiriert und ermutigt durch seine Erfolge kam ihm der Gedanke, daß, wenn schmerzfreie Operationen und Geburten möglich sind, es auch möglich sein mußte, Wissen »schmerzlos« zu vermitteln. So begann er, sich mit Pädagogik und Lernpsychologie zu befassen. Dabei wurde er auf das Supergedächtnis (Hypermnese) aufmerksam: Versuchspersonen konnten sich an kleinste Details erinnern, die ihnen im normalen Wachzustand nicht bewußt waren. Dieses Phänomen faszinierte ihn so, daß er seine Forschungen systematisch in diese Richtung ausbaute. Er studierte die sogenannten Wunderrechner und besuchte mehrere Yogis und Yogaschulen in Indien.

Dabei beobachtete er, daß es Yogis gab, die nicht schriftlich fixierte Überlieferungen von immensem Umfang bis ins Detail hersagten. Das alte Wissen sollte im Falle einer Katastrophe mündlich weitergegeben werden können.

Dr. Lozanov machte sich Gedanken darüber, wie eine derartig überwältigende Lernleistung überhaupt möglich war, und begann dieses Phänomen der Yogis zu untersuchen. Dabei stellte er fest, daß es eine Beziehung zwischen dem Zustand der Entspannung und geistiger Konzentration gibt. Diese Verbindung ermöglicht es, eine große Menge von Information aufzunehmen und gleichzeitig geistig wach und präsent zu sein.

Sehr schnell stieß Lozanov auch auf die Rolle der Suggestion. Lozanov erkannte, daß die Suggestion in keiner Weise zwingend mit Hypnose oder Manipulation zusammenhängt, sondern alltäglichen Charakter hat. Die Suggestopädie nun will die Prinzipien der Suggestologie in der Pädagogik fruchtbar machen.

Lozanov ist der Ansicht, daß die unbewußten Suggestionsmechanismen uns als Persönlichkeiten viel entscheidender formen als das bewußte Erleben. Positive Suggestionen lassen eine Persönlichkeit wachsen, negative lähmen und zerstören. Weiter beschäftigte ihn die Frage, wieso es bestimmte Lehrer gibt, die uns faszinieren, und deren Unterricht Interesse und Aufmerksamkeit im Schüler erzeugt. Wird derselbe Stoff von einem anderen Lehrer präsentiert, sind wir unaufmerksam oder gelangweilt.

Lozanov hat die Ausstrahlungskraft der Lehrer untersucht und ist zu dem Ergebnis gekommen, daß sie, wie er es nennt, »suggestiv« auf die Schüler wirken. Das heißt, sie benutzen sogenannte suggestive Elemente, die entweder Interesse und Aufmerksamkeit oder Langeweile im Schüler erzeugen.

Die positiven »suggestiven« Elemente sind u. a. ein selbstsicheres Auftreten, eine natürliche Autorität durch Fachkenntnis und Sympathie gegenüber dem Schüler, eine spezielle Stimmlage und Tonfall und ein bestimmtes Gebärdenspiel sowie die Körpersprache. Lozanov ist der Ansicht, daß diese »suggestiven« Elemente vom Unterbewußtsein des Schülers blitzschnell aufgenommen werden und somit einen direkteren Zugang zu ihm haben als der meist nur durch Worte vermittelte Lernstoff.

Daher hat Lozanov einen Schwerpunkt seines Systems auf die Präsentation des Stoffes gelegt. Diese ist in hohem Maße von den Fähigkeiten des Lehrers abhängig und kennzeichnet den Grad seiner positiven Autorität. Sie drückt sich in Gesten, Mimik, Gangart, Ausdruck der Augen und Intonation aus. Diese natürliche Autorität wird vom Schüler aufgrund der Wertschätzung (Wissen, Können) und Persönlichkeit (Vertrauen, Sympathie) des Lehrers freiwillig hergestellt und braucht weder Druck noch Strafen, um sich durchzusetzen.

Wichtig für eine gute Präsentation des Stoffes ist die Stimme und der dazugehörige Tonfall. Wir alle wissen aus eigener Erfahrung, daß der Ton die Musik macht. Zu diesem Zweck und zur Entspannung der Schüler, von denen man nicht erwarten kann, daß sie vor dem Unterricht erst einmal einen Yogakurs absolvieren, hat Lozanov die sogenannten »Konzert-Sitzungen« erfunden, in denen der Lehrer den Lernstoff in ganz bestimmten Tonlagen durch klassische Musik untermalt, vorträgt.

Ein weiteres Schlüsselkonzept der Suggestopädie ist das Entdecken der Dual-Ebene. Alle menschlichen Kommunikationsformen sprechen nicht nur die verstandesmäßigen, sondern gleichzeitig auch die unbewußten, emotionalen Ebenen an. Letzteres bleibt jedoch normalerweise unbemerkt. Allerdings bearbeiten z.B. Werbung und Marketing ganz gezielt und gekonnt diese Ebene. Vance Packard beschreibt in seinem Buch »Die geheimen Verführer« sehr genau, wie die Werbung gerade auf diese Bereiche im Menschen abzielt und um wieviel stärker und mächtiger als die logisch-rationale diese Kommunikation ist. Dies gilt ebenso für das Lernen.

So werden beispielsweise die Einstellungen eines Lehrers nur zu 7% verbal, dafür zu 28% über seine Intonation und zu 55% über den Gesichtsausdruck vermittelt.

Im Superlearning werden die unbewußten Botschaften so strukturiert, daß sie dem Lernprozeß nützlich sind und eine Harmonisierung von bewußt und unbewußt Wahrgenommenem stattfindet.

Man muß sich darüber im klaren sein, DASS SUGGESTION IMMER STATTFINDET, AUCH WENN SIE NICHT BEABSICHTIGT ODER BEWUSST IST.

Ein weiteres Element der Lozanovschen Methode ist der Prozeß der »Infantilisierung« des Schülers. Unter »Infantilisierung« versteht Lozanov eine bestimmte geistige Einstellung, die hinsichtlich des Lernens der des neugierigen und wissensdurstigen Kindes gleichkommt.

Als weitere Merkmale der »Infantilisierung« gelten: Unvoreingenommenheit, Vertrauen, Entdeckergeist, Spielfreude, Spontaneität und Sorglosigkeit gegenüber Fehlern, die man macht. Daher ist es in der Suggestopädie wichtig, daß im Unterricht gespielt, gesungen, gelacht und getanzt wird. Der Schüler soll schon vom Aufbau seiner Umgebung her gefördert werden, wieder so unbedarft, schnell und unbelastet zu lernen, wie er es einst als Kind tat. Damals war die Welt noch ein großes, einzigartiges Mysterium, das es zu entdecken galt. Der Losanovsche Lehrer sollte in der Lage sein, den Schüler mit auf die Reise zu nehmen in dieses Mysterium.

Erwähnenswert ist an dieser Stelle noch der Einfluß der peripheren Reize, die den Lernprozeß unterstützen oder hemmen können. Da wir nicht nur aktiv und bewußt lernen, sondern die Aufnahme des Lernstoffes auch in einem unbewußten Vorgang stattfindet, ist es sinnvoll, auch diesen unbewußt ablaufenden Lernprozeß zu unterstützen. Um zu verdeutlichen, was gemeint ist, hier ein Zitat von Lozanov selbst:

»Im Augenblick halte ich eine Rede. Meine ganze Umgebung nehme ich jetzt nicht wahr. Ich weiß z.B. nicht, wie viele Lampen dort oben an der Decke hängen. Aber wenn Sie mich hypnotisieren würden, könnte ich Ihnen sagen, wie viele es sind. Denn alles, was über die Sinne aufgenommen wird, ist im Gehirn gespeichert. Die Suggestopädie nimmt diese peripheren Wahrnehmungen und strukturiert sie so, daß sie für die pädagogische Praxis brauchbar werden.«

Das Einbeziehen der peripheren Reize in den Unterricht hat Folgen für die Gestaltung des Unterrichtsraumes. Dieser sollte belebt werden mit Blumen und Pflanzen, Karten und bunten Postern, Zeichnungen und graphischen Illustrationen, welche in unmittelbarer Verbindung mit dem Lerngegenstand stehen. Während des Englischunterrichts beispielsweise, sollte eine ›englische Atmosphäre‹ im Raum herrschen. Dadurch wird eine signifikante Erweiterung der Speicherkapazität des Gedächtnisses erreicht.

In enger Verbindung mit dem Prozeß der »Infantilisierung« steht die innere Haltung des Schülers. Sie bestimmt sein Selbstbild bezüglich seiner Leistungsfähigkeit, seinen Begabungen und Talenten. Leider ist dieses Selbstbild oft auch geprägt durch negative Erfahrungen und von der Umwelt suggerierte Urteile, die dem Schüler oder Lernenden allgemein Grenzen setzen, welche nicht seinen wirklichen Fähigkeiten entsprechen. Ein kleines Mädchen, das von seinem geliebten Papa stets hört oder anderweitig vermittelt bekommt, daß Mathematik nichts für Mädchen sei, wird es ungleich schwerer haben, sich diesen Stoff anzueignen, als ein anderes Mädchen, dessen Papa ihm zu verstehen gibt, daß es gerade als Mädchen ganz besonders für dieses Fach geeignet ist. Aber nicht nur die Eltern, sondern auch die Lehrer und die ganze gesellschaftliche Umwelt üben in außerordentlichem Maß Einfluß auf das Selbstbild und das Empfinden für die eigenen Fähigkeiten im Menschen aus. Dieser Tatsache sind sich nur die wenigsten Lernenden und auch Erziehenden voll bewußt.

Hierzu ein Zitat von Georgi Lozanov:
»Wenn wir Lehrer darüber bewußt werden, wie wir die Erfahrung und Leistung unserer Schüler beeinflussen,

können wir uns dafür entscheiden, in stärkerem Maße helfende und effektive Verkörperer von Suggestionen zu werden. Die erste Aufgabe ist es, sich seiner selbst als machtvoller Übermittler verschiedenster Suggestionen bewußt zu werden und die zweite ist, unsere suggestive Wirkung so zu verändern und zu verfeinern, daß sie mit unseren angestrebten Zielen in Einklang steht.«

Und wie es weiterging

Nach den USA, England (Superlearning, Suggestology, Learning in New Dimensions) und Frankreich (Suggestopedie) begann etwa 1981 auch die Verbreitung von Superlearning in der BRD.
Sprachcassettenprogramme und Sprachseminare von privaten Institutionen machten den Anfang. Mittlerweile hat Superlearning auch Eingang in Volkshochschulen, Firmen, Universitäten und teilweise auch in Schulen gefunden.
So vielseitig die verschiedenen Namen dieser Richtung, so vielseitig und unterschiedlich sind auch die Inhalte. Daß verschiedene Vertreter versuchen, »ihr« Superlearning oder »ihre« Suggestopädie als die einzig richtige darzustellen, ist nicht nur verwirrend, sondern auch dem dahinterstehenden ganzheitlichen Lehransatz nicht förderlich. Aussagen wie »Superlearning geht nur mit Lehrer, nicht mit Cassette« oder übertriebene Versprechungen widersprechen im Grunde dem ganzheitlichen Ansatz dieser Lernidee. Denn ganzheitlich kann nicht bedeuten, daß von heute auf morgen alles verändert wird.

Es gibt Fälle, in welchen die Rahmenbedingungen (Raum, Zeit) zunächst nicht den Einsatz aller Elemente zulassen. Aber auch der teilweise Einsatz kann schon positive Auswirkungen haben. So hat beispielsweise ein Heidelberger Gymnasiallehrer in seinem Fach Französisch lediglich Entspannungsübungen gemacht und neue Vokabeln rhythmisch zu langsamer Barockmusik vorgetragen, während der restliche Unterricht als herkömmlich zu bezeichnen war. Dennoch hat er damit bereits erstaunliche Ergebnisse bei seinen Schülern erzielt.

Wenn Sie sich daher mit Superlearning beschäftigen, gehen Sie offen an diese Sache heran. Lassen Sie sich nicht von Aussagen und Behauptungen, die Ihnen zu hochgesteckt erscheinen, entmutigen. Vertrauen Sie ihrem Gefühl, was für Sie richtig ist und was nicht, und wählen Sie die entsprechenden Elemente aus. Wichtig ist, daß Sie einfach mal beginnen und sich nicht gleich am Anfang überfordern.

> »Es ist nicht genug, zu wissen,
> man muß auch anwenden;
> es ist nicht genug zu wollen,
> man muß auch tun!«
>
> GOETHE

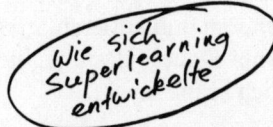

Wie sich
Superlearning
entwickelte

5 Die Elemente von Superlearning

Entspannung

In unserer Gesellschaft sind Anspannung, Stress und Leistungsdruck zu einem festen Bestandteil des Lebens geworden. Lärm, Hetze, Reizüberflutung, d.h. das ganze Drumherum unseres heutigen Großstadt- und Berufslebens, läßt einen kaum zur Ruhe kommen. Dadurch haben die meisten Menschen die Fähigkeit verloren, einmal abzuschalten. Durch inneren und äußeren Stress steht unser Organismus unter einer Dauerbelastung, die mit der Zeit seelisch und körperlich krank macht.

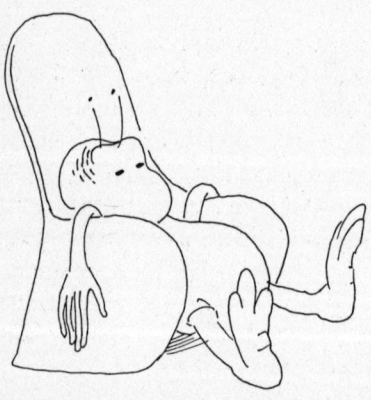

Genauso wie man sich abends wäscht, um den Körper zu reinigen, dient die Entspannung der seelischen Reinigung. Die tiefe Entspannung ermöglicht es dem Organismus, sich psychisch und körperlich zu regenerieren und sich somit von dem angesammelten psychischen Schmutz zu befreien. Wissenschaftliche Untersuchungen zeigten, daß der menschliche Organismus sich bei Entspannungs-übungen oder Meditation schneller und besser regeneriert als im Tiefschlaf.

Viele Menschen entwickeln ihre eigene Art und Weise, sich zu entspannen. Durch sportliche Betätigung, Malen, Musizieren oder Musik hören, Lesen usw. Diese Beschäftigungen bauen Spannungen jedoch nur kurzfristig ab. Sie helfen nicht, die grundlegenden Energieblockaden aufzulösen. Wer sich auf Dauer und tiefgreifender entspannen will, für den werden die folgenden Kapitel von Interesse sein.

Die ständige Reizüberflutung des Organismus führt schließlich zu Konzentrationsschwächen, Unzufriedenheit, Unausgeglichenheit, Ängsten, Krankheit und vielem mehr.

Stellen Sie sich im Gegensatz dazu eine Raubkatze vor, wie sie über die Steppe jagt, fast als würde sie fliegen, mit ungeheurer Geschwindigkeit und unvergleichlicher Anmut und Leichtigkeit. Am Körper des Tieres können wir das WECHSELSPIEL ZWISCHEN ANSPANNUNG UND ENTSPANNUNG der Muskeln beobachten. Das alles geschieht mit großer Leichtigkeit und Geschwindigkeit. Genau um dieses natürliche Wechselspiel geht es, wenn wir von Entspannung sprechen. Ein totales Erschlaffen aller Muskeln ist kein anzustrebender Zustand. Und es wäre unmöglich, in so einem Zustand auch nur einen Schritt zu tun.

Im Gegensatz zur Raubkatze ist bei uns Menschen aufgrund von Konditionierung und unnatürlicher Lebensweise dieses Wechselspiel aus dem Gleichgewicht geraten.

Entspannen und Loslassen haben wir verlernt. Selbst der ständig vorhandenen Anspannung ist man sich nicht mehr bewußt. Diese zu spüren und anschließend aufzubauen ist ein Ziel von Entspannungsübungen.

ENTSPANNEN BEWIRKT, DASS DAS NATÜRLICHE WECHSELSPIEL ZWISCHEN ANSPANNUNG UND ENTSPANNUNG WIEDER HERGESTELLT WIRD.

Abgesehen davon, daß man besser lernt, wenn man sich körperlich und geistig wohl fühlt, kann man sich durch die Entspannungsübungen auch besser konzentrieren.

Ein in der Meditation erfahrener und weiser Mann wurde einmal gefragt, warum er trotz seiner vielen Beschäftigungen immer so gesammelt sein könne.

Darauf antwortete er schlicht und einfach: »Wenn ich stehe, dann stehe ich. Wenn ich gehe, dann gehe ich. Wenn ich sitze, dann sitze ich. Wenn ich esse, dann esse ich. Wenn ich spreche, dann spreche ich.«

Da fielen ihm die Fragesteller ins Wort und sagten: »Aber das tun wir doch auch! Was ist es, das du darüber hinaus noch tust?«

Er sagte wieder: »Wenn ich stehe, dann stehe ich. Wenn ich gehe, dann gehe ich. Wenn ich sitze, dann sitze ich. Wenn ich esse, dann esse ich. Wenn ich spreche, dann spreche ich.«

Wieder sagten die Leute: »Das alles tun wir auch!« Doch er sagte zu ihnen: »Nein, das tut ihr nicht: Wenn ihr sitzt, dann steht ihr schon auf, wenn ihr steht, dann lauft ihr schon, wenn ihr lauft, dann seid ihr schon in Gedanken am Ziel …«

Die Gedanken sind fast ständig in der Vergangenheit oder mit der Zukunft beschäftigt, aber selten bei dem, was man gerade tut, also in der Gegenwart.

Machen Sie einmal folgende kleine Übung: Schließen Sie die Augen und atmen Sie durch die Nase ein. An den Innenseiten der Nasenlöcher oder knapp unterhalb der Nase können Sie eine leichte Empfindung von Kühle wahrnehmen, wenn die Luft einströmt.
Versuchen Sie, eine Minute lang mit Ihrer Aufmerksamkeit bei dieser Empfindung zu bleiben.
Sie werden feststellen, wie schwer es ist, Ihre Gedanken auch nur für eine einzige Minute wirklich auf diesen einen Punkt zu konzentrieren. Bei den meisten von uns tauchen sofort eine ganze Reihe von Gedanken, Ideen, Erinnerungen, Vorstellungen, Bildern oder Plänen auf.
Viele Menschen nehmen das oftmals erst kurz vor dem Einschlafen wahr, dann, wenn sie nichts mehr tun (können), sind sie diesem Strom von Gedanken hilflos ausgeliefert, und sie können nicht mehr einschlafen.

Diese Gedankenflut zu beruhigen, ist ein weiterer wesentlicher Aspekt von Entspannungsübungen.

Zunächst einmal heißt es wahrnehmen, daß man verspannt ist und dann loslassen, um:

— mit erhöhter Konzentration beim Lernstoff zu sein.
— die bildhafte Vorstellungskraft zu erhöhen und damit das rechte Gehirn zu aktivieren.
— das allgemeine Wohlbefinden zu verbessern.

Dazu muß man Körper und Geist gleichzeitig entspannen, da sie sich gegenseitig beeinflussen.
Ohne sich dessen bewußt zu sein, suchen viele Menschen ständig nach Entspannungsmöglichkeiten, um dem Stress und der Hektik zu entgehen. Sie treiben Sport, verreisen, hören Musik, gehen ihren Hobbys nach oder greifen zur Flasche. In diesem Zusammenhang steht auch das Rau-

chen. Wer raucht, atmet tiefer als normalerweise, und eine tiefere Atmung wirkt entspannend.

Meist gelingt es jedoch nicht, sich bei all diesen Beschäftigungen wirklich zu entspannen, weil der Geist und die Gedanken weiterhin unruhig bleiben. Man kann sich dadurch vielleicht kurzfristig körperlich entspannen. (Im Falle des Rauchens sehr kurz.)

Entspannung heißt also nicht ablenken, abschlaffen oder gar schlafen. Selbst unser Schlaf ist oftmals nicht entspannt. Die Muskeln bleiben angespannt, und man fühlt sich am nächsten Morgen gerädert und muffelig. Entspannt sein heißt gleichzeitig den Körper und den Verstand ruhig sein zu lassen. Körperlich äußert sich das in einer Herabsetzung der Atem- und Herzschlagfrequenz, der Senkung des Blutdrucks, der Lockerung der Muskeln und der Herabsetzung des ganzen Grundumsatzes des Körpers.
Geistige Entspannung bedeutet die Beruhigung der Gedankenflut und die Konzentration auf eine Sache.
Je tiefer man entspannt ist, desto ausgeglichener wird man. Harmonie und Ruhe treten ein, und man fühlt sich gelöst und wohlig. Sorgen, Ängste und Probleme verschwinden, man wird leicht und unbeschwert. Diese Gelöstheit führt zu mehr Vertrauen zu sich selbst. Man steht dem Leben positiver gegenüber. Die früher erworbenen Barrieren und Blockaden werden kleiner oder verschwinden ganz.

Entspannung läßt sich am genauesten an der Gehirnwellenfrequenz messen. Tagsüber befinden wir uns in der Regel im sogenannten Beta-Zustand, der einer Gehirnwellenfrequenz von etwa 14—30 Hertz entspricht. Der Alpha-Zustand mit der niedrigeren Frequenz von 8—12

Hertz entspricht dem Zustand kurz vor dem Einschlafen oder dem Tagträumen. Er ist gekennzeichnet durch vollkommene körperliche und geistige Entspanntheit bei gleichzeitiger Wachheit des Geistes und ist auf keinen Fall mit Müdigkeit zu verwechseln.

In Verbindung mit Superlearning wird oft vom Alpha-Zustand gesprochen. Aber abgesehen davon, daß es relativ aufwendig ist, die Alpha-Wellen zu messen, ist er für die Wirksamkeit des Superlearning nicht unbedingt notwendig. Wichtig ist eine Senkung der Gehirnwellenfrequenz im Vergleich zum normalen aktiven Zustand.

Wenn Ihnen die genannten subjektiven Empfindungen nicht ausreichen, so gibt es auch sogenannte Biofeedback-Geräte. Diese zeigen anhand von Hautwiderstand oder Atemfrequenz die Veränderung durch ein optisches oder akustisches Signal an.

Je entspannter man ist, desto größer ist der Hautwiderstand und desto langsamer und gleichmäßiger wird der Atem. Aber auch ohne solche Hilfsmittel erwirbt man mit der Zeit ein Gespür für den Zustand der Entspanntheit.

Wie es nicht sein sollte, zeigt folgendes Beispiel: Vor einiger Zeit beklagte sich ein Schüler, daß er trotz zweiwöchiger mühevoller Anstrengung keine Entspannung erreicht hätte. Er war richtiggehend verärgert und versuchte jeden Tag von neuem, sich willentlich zu entspannen. Dazu sagte er: »Bisher habe ich alles geschafft, was ich wollte. Aber mit dieser verflixten Entspannung klappt es einfach nicht!« Kein Wunder, denn WER ENTSPANNT IST, LÄSST LOS. Nicht Wille und Anstrengung führen zum Ziel, sondern genau das Gegenteil: LOSLASSEN UND GESCHEHEN LASSEN.

Atmen ist Leben

Die Atmung ist die Grundlage allen Lebens. Atmen bedeutet leben. Durch das ständige Ein- und Ausatmen wird der Körper mit Sauerstoff oder Lebensenergie versorgt. So symbolisiert die Atmung den Kreislauf der Lebensenergie, die den Kreislauf durchströmt.

In unserer westlichen Welt wird der Atmung nicht viel Aufmerksamkeit und Bedeutung geschenkt, denn sie funktioniert automatisch, ohne unser eigenes Zutun. Wie wir jedoch schon am Anfang dieses Buches geschildert haben, verändert sich die Atmung des Menschen, wenn er Gefühle unterdrückt, und das führt zu Muskelverspannungen. Im Nachhinein sind diese Muskelverspannungen jedoch nicht mehr willentlich zu verändern, da sie bereits zur zweiten Natur geworden sind.

Sportler, Sänger, Tänzer, Schauspieler und Musiker jedoch wissen, daß die Atmung die Brücke zwischen Seele und Körper bildet. Sie erlernen Atemtechniken und setzen sich bewußt mit richtiger Atmung auseinander.
Ohne zu übertreiben kann man sagen, daß man lebt, wie man atmet. Die Mehrzahl der Menschen atmet zu flach.
Ein Leben, das seine ganze Fülle ausdrücken möchte, erfordert jedoch, daß der Mensch voll atmet und sich nicht durch angehaltenen Atem unter Kontrolle hält:
Was kann man nun tun, um seine Atmung zu verbessern?
Neben den verschiedenen Atemtherapien gibt es auch tiefgreifende Massagetechniken, z.B. Lomi, Rolfing, Rebalancing oder Shiatsu, die helfen, die muskulären Verspannungen aufzulösen. Dadurch verändert sich auch automatisch die Atmung. Diese Massagetechniken bewirken, daß eine körperliche Verspannung gelöst wird, und lassen damit gleichzeitig das Ereignis, das zu dieser Ver-

spannung führte, ins Bewußtsein treten. Dadurch erlebt der Mensch die einstmals unterdrückten Gefühle wie Wut, Trauer, Freude oder den Schmerz noch einmal und kann sie jetzt ausdrücken. Das bewußte Erleben dieser Erfahrungen erleichtert die Psyche und entspannt den Körper.

Eine einfache Methode, die Atmung miteinzubeziehen ist das Beobachten des eigenen Atems. Alle Techniken der östlichen Welt, sei es Meditation, Yoga oder Zen, beginnen damit, daß man sich den eigenen Atem bewußt macht.

Anfangs genügt es, wenn man sich hinlegt, am besten vor dem Schlafengehen, und den Atem beobachtet. Dann fährt man fort, bewußt tief einzuatmen, den Atem einige Sekunden aufzuhalten, und dann bewußt wieder auszuatmen. Will man den Vorgang intensivieren, so kann man sich vorstellen, wie die Luft in die Lungen dringt, im Bauch einige Sekunden verweilt und schließlich am Steißbein wieder austritt. Man kann sich die Luft auch als goldenes Licht vorstellen, das einen durchströmt und von den Sorgen des Tages reinigt.

Eine gleichmäßige Atmung ist für jede Entspannung unentbehrlich. Daher ist richtiges Atmen die Grundlage jeder Entspannungsübung und auch jeden Lernens.

Achten Sie auf Kleidung, die erlaubt, daß Sie tiefe Atemzüge machen können. Zu enge Kleidung schnürt den Atem ab. Achten Sie bei Ihrer Körperhaltung darauf, daß sie aufrecht ist, so daß Brustkorb und Bauch ausreichend Raum haben und der Atem ungehindert fließen kann.

Müdigkeit ist oft ein Zeichen von falscher Atmung, und es reicht manchmal schon aus, die Körperhaltung zu verändern, um sich wieder wach zu fühlen.

Achten Sie ganz besonders in Stresssituationen darauf, wie sich Ihre Atmung verändert. Wenn Sie dann einfach beginnen, tief durchzuatmen, werden Sie in der Lage sein, sich Luft zu machen, und Sie müssen den Ärger nicht hilflos in sich hineinfressen. Richtige Atmung schenkt Vitalität, Energie und Gesundheit. Daher sollte der Raum, in dem Sie lernen, stets gut gelüftet sein.

SAUERSTOFF IST NAHRUNG FÜR DAS GEHIRN! Wenn Ihr Körper ausreichend mit Sauerstoff versorgt ist, wird er gut durchblutet, und Sie sind länger aufnahme- und leistungsfähig. Auch sollte man sich immer Zeit für ausreichende Pausen nehmen. Wenn Sie das Bedürfnis dazu verspüren, können Sie einige Lockerungsübungen in Ihre Pausen mit einflechten.

LOCKERUNGSÜBUNGEN

Dies entlastet die Wirbelsäule: Auf den Boden legen, die Knie und die Stirn zusammenbringen und sooft wie nötig (die Wirbelsäule entlang) schaukeln.

Kirschenpflücken: Die Arme nach oben ausstrecken, auf die Zehenspitzen stellen und sich vorstellen, daß man Kirschen pflückt. 5 × wiederholen.

Gut für das Kreuz und verspannte Schultern: Auf die Fersen aufsetzen, Hände dahinter aufstützen und Becken nach oben bringen. Bis 20 zählen.

Lockert den ganzen Körper: Sitzen und sich nach allen Seiten recken und strecken. Dabei gähnen und Laute von sich geben.

Gut gegen Kreuzschmerzen: Hinlegen, Knie anziehen und mit den Armen umfassen. Bis 20 zählen und dabei langsam vor- und zurückschaukeln, ohne sich dabei zu verspannen.

Allgemeine Tips zur Durchführung
von Entspannungsübungen

Bevor Sie mit dem Einüben der Entspannung beginnen, möchten wir Ihnen noch einige Hinweise geben. Die Erfahrung zeigt, daß die meisten Schwierigkeiten im Erlernen der Entspannung zum großen Teil auf ungeschicktes oder falsches Vorgehen beim Üben zurückzuführen sind. Es handelt sich bei der Entspannung um das Einüben bestimmter Fertigkeiten, wobei keine Gefahr besteht, daß Sie sich in irgendeiner Form schaden können. Eine medizinische Abklärung ist wohl nur in wenigen Fällen notwendig (z.B. starke Kreislaufschwäche oder Muskelverletzungen).

Die Übungssituation

Die Umgebung, in der Sie üben, hat anfangs großen Einfluß darauf, wie schnell Sie lernen, sich zu entspannen. Die folgenden Hinweise zur Übungssituation stellen Idealbedingungen dar, die meistens jedoch nicht zu verwirklichen sind. Für den Erfolg sind sie keine unbedingt notwendige Voraussetzung.

Versuchen Sie dennoch, sich einen Rahmen zu schaffen, der möglichst viele der nun folgenden Bedingungen erfüllt. Probieren Sie selber aus, was für Sie günstig ist und was Ihnen besonders helfen kann. Das ist nämlich bei jedem Übenden sehr unterschiedlich.

Der Raum

Der Raum, in dem Sie üben, sollte angenehm temperiert, gut gelüftet und möglichst ruhig sein. Je weniger Reize, die Sie ablenken könnten, desto besser. Vor allem stören plötzliche Geräusche und menschliche Stimmen. Nicht so sehr stören an- und abklingende Geräusche, wenn sie nicht zu laut sind (z.B. Straßenverkehr). Unter Umständen ist es ratsam, ein »Bitte Ruhe«-Schild an die Tür zu heften.

Wichtig ist, daß Sie alle möglichen Störquellen (Türklingel, Telefon etc.) ausschalten, damit Sie Ihre Aufmerksamkeit in Ruhe auf sich selbst lenken können.

Falls es Ihnen nicht möglich sein sollte, einen geräuschlosen Raum zu finden, dann beziehen Sie die Geräusche mit in die Entspannung ein.

Sollten jedoch einige Störungen nicht beseitigt werden können, ist es sehr einfach, diese miteinzubeziehen. Dazu nehmen Sie sich zu Beginn der Entspannung einige Suggestionen, z.B.: vorbeifahrende Autos sind vollkommen gleichgültig. Sie kommen und gehen und vertiefen dabei meine Entspannung.

Sie werden bald feststellen: Je mehr Sie sich auf sich selbst einlassen, desto weniger nehmen Sie diese Außengeräusche wahr.

Die Entspannungsposition

Wählen Sie eine Position, die Ihnen besonders angenehm ist. Sie sollten möglichst wenig Muskeln zur Stützung Ihres Körpers benötigen.

Setzen Sie sich auf einen Stuhl oder legen Sie sich auf den Boden. Für das Sitzen ist eine aufrechte Haltung zu empfehlen, damit Sie frei atmen können. Die Beine sind leicht gespreizt, und die Hände liegen locker auf Ihren Oberschenkeln. Diese Position sollte so angenehm sein, daß Sie sie während der Übung nicht verändern müssen. Die aus dem autogenen Training kommende Droschkenkutscherhaltung ist ebenfalls gut geeignet, führt aber gelegentlich am Anfang zu Verspannungen im Nackenbereich. Wenn Sie liegen, sollten Sie darauf achten, daß die Unterlage nicht zu weich ist, da Sie sonst leicht einschlafen können.

Kleidung

Ihre Kleidung sollte bequem und locker sein. Gürtel, enge Kleidung, Schuhe, Brillen, Uhren, Schmuck etc. können die Entspannung erheblich stören. Belasten Sie sich also mit so wenigen Dingen wie möglich.

Zeit und Dauer der Entspannung

Die Hauptvoraussetzung für das Erlernen der Entspannung ist regelmäßiges und systematisches Üben. Die günstigsten Zeiten sind der frühe Morgen und der Abend. Wichtiger ist jedoch, daß Sie regelmäßig trainieren. Wer zu unregelmäßigen Zeiten übt, neigt schnell dazu, die Übungen nur noch ab und zu auszuführen und dann ganz einzustellen.

Entspannen soll jedoch nicht zu einer Übung in Selbstdisziplin werden. Dadurch verspannt man sich nur noch mehr. In diesem Fall ist es besser, sich nur dann zu entspannen, wenn man wirklich ein inneres Bedürfnis danach verspürt. Es wird nicht lange dauern, und Sie werden spüren, wie angenehm und wichtig diese Minuten der inneren Stille für Ihr Wohlbefinden sind.

Entspannung ist erlernbar, und Sie entscheiden in erster Linie selbst darüber, wie schnell Sie sie erlernen. Später werden Sie sich »zwischen Tür und Angel« entspannen können. Am Anfang ist es jedoch günstiger, wenn Sie sich nicht gleich unter Druck setzen. Erwarten Sie nicht, daß sich das Gelernte sofort auch in schwierigen Situationen bewährt. Zur Einübung ist es deshalb angebracht, zu den Zeiten zu üben, in denen Sie ohnehin etwas ruhiger, aber (noch) nicht erschöpft sind.

Die Gesamtdauer, die jeder für das Einüben einer tiefen Entspannung benötigt, wird sehr unterschiedlich sein. In der Regel sollten einige Wochen genügen, um auch dauerhaft spürbare Ergebnisse zu erreichen. Zu Beginn werden Sie oft denken, Sie müßten die Übungszeiten von Ihrer ohnehin knappen Zeit abzwacken. Sie werden jedoch bald feststellen, daß Sie im Gegenteil sogar Zeit gewinnen. Nach ein paar Minuten tiefer Entspannung sind Sie ruhiger und konzentrierter; alle auf Sie zukommenden Aufgaben gehen Ihnen leichter von der Hand.

Verschiedene Entspannungsübungen

An dieser Stelle stellen wir einige Übungen vor, sowohl zur körperlichen als auch zur geistigen Entspannung. Man kann nicht oft genug darauf hinweisen, DASS ES UNMÖGLICH IST, SICH WILLENTLICH ENTSPANNEN zu wollen. Genau diesen Punkt zu finden, an dem Entspannung GESCHIEHT und nicht durch Willensanstrengung hergestellt wird, ist das Wesentliche. Jede Übung soll dies letztlich erreichen. Wenn Sie die Übungen absolvieren wie eine bessere Gymnastik, so SIND SIE ABSOLUT NUTZLOS, weil es Ihnen auf diese Weise nicht möglich sein wird, das Wesen der Entspannung zu erfahren. Deshalb: wenn Sie entspannen, dann seien Sie bereit, sich daran zu freuen, und wenn Sie keine Lust darauf haben, lassen Sie es sein. Das ist besser, als sich zu zwingen.

Eine der bekanntesten Formen von Entspannung ist das Autogene Training von J. H. Schultz. Dazu gibt es jedoch mittlerweile soviel Literatur und auch Kurse, daß wir im folgenden nicht näher darauf eingehen werden.
Wir beschreiben daher weniger bekannte, aber ebenso wirksame Entspannungsübungen. Denn wichtig für das Lernen mit Superlearning ist einzig und allein, daß man entspannt ist. Wie man die Entspannung erreicht, spielt

keine Rolle. Für viele ist es leichter, sich bei entsprechender Musik zu entspannen. Dazu eignet sich sowohl langsame Barockmusik als auch Synthesizer-Sphärenmusik (siehe Anhang).

PROGRESSIVE MUSKELENTSPANNUNG
(nach Jacobsen)

Diese Übung dient der Entspannung des Körpers. Sie basiert auf dem Wechsel von Anspannung und Entspannung der gesamten Körpermuskulatur, angefangen bei den Füßen bis hin zum Kopf. Zuerst werden die Zehen so fest wie möglich angespannt und nach etwa 5 Sekunden wieder losgelassen. Man fährt fort mit Waden, Oberschenkeln, Gesäß, Becken, Bauch, Finger, Unter- und Oberarmen, Brustkorb, Nacken, Gesicht. Dadurch wird zunächst einmal ein Verstärken der Anspannung und somit eine erhöhte Wahrnehmung der betreffenden Körperteile erreicht. Beim Loslassen wird die Muskulatur dann automatisch tiefer entspannt. Letztlich führt die progressive Muskelentspannung zu einer angenehmen körperlichen Entspannung und Gelöstheit.

ATEMENTSPANNUNG

Eine sehr empfehlenswerte Art, sich von störenden Gedanken zu befreien, ist das Konzentrieren auf den Atem. Setzen Sie sich dazu bequem hin und schließen Sie die Augen. Stellen Sie sich vor, Sie lassen sich an einer Stelle in Ihrer Luftröhre nieder. Spüren Sie, wie der Atem an Ihnen vorbeifließt — warm beim Ausatmen und kühl beim Einatmen. Machen Sie das einige Atemzüge lang. Geben Sie nun beim Ausatmen Gedanken oder Gefühle mit, die Sie beengen. Sehen Sie diese Gefühle in Bildern an sich vorbeiziehen und sich außerhalb des Mundes wie eine Nebelwolke auflösen. Beim Einatmen stellen Sie sich vor,

Sie würden neue und frische Energie mitaufnehmen. Wiederholen Sie das so lange, bis Sie sich wirklich erfrischt und entspannt fühlen.

DIE FARBENTSPANNUNG

Diese Übung dient der Entspannung der Psyche. Sie stellt einen Weg dar, um unser Unterbewußtsein empfänglicher und aufnahmefreudiger zu machen. Diese Übung durchläuft die verschiedenen Farben des Farbspektrums, die Sie sich im Geist vorstellen.

Die Farbfolge dabei ist: rot, orange, gelb, grün, blau, lila, violett. Von Farbe zu Farbe vertiefen Sie ihre Entspannung, bis Sie bei violett angekommen und völlig entspannt sind. Nach einiger Zeit sind Sie damit in der Lage, sich allein durch das Vorstellen der Farben sehr schnell zu entspannen.

Viele Menschen haben jedoch zunächst Schwierigkeiten, Farben vor ihrem inneren Auge entstehen zu lassen. Hierbei hilft es, die Farben mit entsprechenden Objekten zu verknüpfen, z.B. rot–Tomate, orange–Orange, gelb–Banane, grün–Apfel, blau–Himmel, lila–Flieder, violett–Veilchen.

Eine weitere Möglichkeit bietet folgendes Beispiel: Stellen Sie sich vor, sie sind im siebten Stock eines Hochhauses. Die gesamte Etage ist rot angemalt: die Wände, der Teppichboden, die Decke, alles ist rot, und Sie sehen eine große Sieben auf den Wänden aufgemalt. Sie gehen langsam durch diese Etage, bis Sie zu einer Rolltreppe kommen, die Sie langsam und sicher in die nächste Etage führt, die völlig in Orange gehalten ist. Das geht nun so weiter, bis Sie in der ersten Etage angekommen sind.

Ebenso können Sie auch die Farben auf ein Blatt Papier malen und immer dann, wenn Ihnen die Farben entgleiten, öffnen Sie kurz die Augen und schauen auf das Blatt.

Neben der entspannenden Wirkung dieser Übung, wird damit auch die für das Lernen wichtige bildhafte Vorstellung trainiert.

DIE INNERE KERZE

Setzen Sie sich für 20 Minuten in einen Raum, in dem Sie ungestört sind. Verdunkeln Sie den Raum nach Möglichkeit. Zünden Sie eine Kerze an und stellen Sie diese dann in etwa einen Meter Entfernung vor sich. Schauen Sie in die Kerzenflamme und lassen Sie diese auf sich wirken. Sehr wahrscheinlich werden Ihnen zunächst viele Gedanken durch den Kopf gehen. Das ist völlig normal, und Sie sollten sie nicht wegdrängen. Lassen Sie die Gedanken wie kleine weiße Wolken vorbeiziehen.

Wenn Sie das Gefühl haben, sie können das Kerzenlicht auch mit geschlossenen Augen sehen, dann schließen Sie Ihre Augen und sehen die Kerze vor Ihrem inneren Auge. Sie können Ihre Augen jederzeit wieder öffnen, um die Kerze anzusehen, wenn das innere Bild verschwindet.

Machen Sie diese Übung über einen längeren Zeitraum (3—4 Wochen), und Sie werden etwas Erstaunliches feststellen: daß Sie jederzeit und überall, wenn Sie wollen, die Kerze vor Ihrem inneren Auge entstehen lassen können. Selbst inmitten von Stress und Hektik. Wenn Sie sich nur wenige Sekunden nehmen, die Augen zu schließen und sich auf das innere Bild der Kerze konzentrieren, wird Ihnen diese Übung zur Quelle von Beruhigung und Entspannung werden. Sie können selbstverständlich auch einen anderen Gegenstand nehmen, der beruhigend auf Sie wirkt.

Dadurch trainieren Sie zum einen Ihre Fähigkeit, innere Bilder zu sehen, und zum anderen lernen Sie, sich auf einfache und aufwendige Weise zu entspannen.

Wenn es Ihnen schwerfällt, sich jeden Tag wenige Minuten Zeit für eine solche Übung zu nehmen, dann probieren Sie einfach mehrmals am Tag, wann immer Sie gerade ein paar Minuten Zeit haben, sich auf einen beliebigen Gegenstand zu konzentrieren. Dabei ist das Prinzip dasselbe wie bei der »inneren Kerze«: Ansehen — Augen schließen — inneres Bild wahrnehmen — Augen öffnen — usw.

Wichtig ist lediglich, daß Sie nicht festhalten und krampfhaft versuchen, das Bild herzustellen.

Vor kurzem erzählte jemand folgende Geschichte: »Drei Wochen lang habe ich täglich nach meiner Entspannungsübung versucht, mir etwas bildhaft vorzustellen. Aber ich konnte absolut nichts sehen. Als ich dann neulich abends im Bett lag, sind mir kurz vor dem Einschlafen die tollsten Bilder in klaren und kräftigen Farben in den Sinn gekommen. Seitdem weiß ich, wie das ist, und wie das geht, und ich habe, wenn ich entspannt bin, keinerlei Schwierigkeiten mehr, Bilder zu sehen.«

Daraus läßt sich erkennen, daß auch die zunächst vergeblichen Versuche eine Wirkung haben und letztendlich zum Ziel führen.

ENTSPANNUNGSÜBUNG FÜR KINDER

Kinder haben im Gegensatz zu den meisten Erwachsenen keinerlei Schwierigkeiten mit der bildhaften Vorstellung. Wenn ein Kind ein Märchen hört oder ein Buch liest, dann sieht es alles in Farbe vor sich und empfindet oft sogar die jeweiligen Gerüche. Es ist völlig in der Situation gefangen.

Superlearning hat daher in vielen Versuchen mit Kindern einen sehr schnellen und nachhaltigen Erfolg.

Da Kinder nicht immer von Anfang an ruhig sind, geschweige denn Entspannungsübungen in dieser Form durchführen, erzählen Sie eine anspornende und moti-

vierende Geschichte mit beispielsweise folgendem Inhalt:
»Stell dir vor, du bist in einem großen Märchenschloß,
durch dessen geöffnete Glastür du auf einen wunderschönen Märchenpark siehst. Sieben Stufen führen dich in diesen Park, in dem du ein mächtiger Zauberer bist, der alles
kann. Du gehst langsam die sieben Stufen hinunter. Auf
der obersten Stufe liegt eine rote Tomate, die du anfassen,
an der du riechen, in die du auch hineinbeißen kannst. Du
atmest ganz tief die gute Luft ein, und beim Ausatmen
wirst du ganz ruhig und fühlst dich ganz wohl.
Dann gehst du auf die nächste, die sechste Stufe, wo du
eine leuchtende Orange siehst, die herrlich duftet.«
Während die Kinder langsam tief ein- und ausatmen, werden sie immer ruhiger und gehen in den Märchenpark
hinunter.

Wenn sie in Gedanken über diese Stufen den Märchenpark erreicht haben, schauen sie sich um und können sich
alle Dinge, die sie gern haben, herbeizaubern. Hier ist das
Kind in einer Welt, wo es alles kann: Es kann sich alles
merken, es ist konzentriert; Lernen wird zu einem einfachen Spiel.

Bei den folgenden Anregungen verzichten wir auf das förmliche »Sie«.

Friede mit den Menschen

Wenn du Besuch von jemandem bekommst, gehe ganz in dich, werde still. Wenn er dein Zimmer betritt, fühle ganz tief in dir Frieden für ihn. Fühle: Friede diesem Menschen. Sage es dir nicht bloß, fühle es. Du wirst mit einem Mal eine Veränderung in diesem Menschen feststellen, so als ob etwas Unbekanntes in sein Wesen eingedrungen wäre. Er wird ein ganz anderer Mensch sein, als der, der dich besuchen kam. Probiere es aus.

Diese Übung kann sehr hilfreich sein, wenn man mit Menschen zusammen lernen muß, obwohl der zwischenmenschliche Kontakt zu wünschen übrig läßt. Wenn man den Lehrer nicht austauschen oder ändern kann, so kann man versuchen, die eigene innere Haltung ihm gegenüber zu verändern. Das kann zur Verbesserung des eigenen Wohlbefindens führen und die Situation entspannen.

Versenke dich ins Gegenteil

Dies ist eine sehr nützliche Methode. Zum Beispiel: Du fühlst dich sehr unzufrieden, was tun? — Beschäftige dich mit dem Gegenteil.
Wenn du dich unzufrieden fühlst, denke über die Zufriedenheit nach. Was ist Zufriedenheit? Stell den Ausgleich her. Wenn dir Wut im Kopf herumgeht, bringe Liebe ins Spiel, denke über Mitgefühl nach; und auf der Stelle ändert sich die Energie, denn sie sind beide das gleiche. Das Gegenteil ist die gleiche Energie. Wenn du das Gegenteil mit einbringst, wird es absorbiert. Du bist wütend — also

versenke dich in Mitgefühl. Die Wut verändert sich, die Aufregung ist verschwunden, Liebe steigt auf. Und es ist keine andere Energie — es ist dieselbe Energie wie Wut — nur in veränderter Qualität, sie steigt höher. Versuche es!

Diese Technik kann sehr gut für jede Art von negativen Gefühlen, Zweifeln, Unsicherheiten und Ängsten bezüglich der Leistungsfähigkeit benutzt werden. Spiele mit der gegenteiligen Möglichkeit und entdecke auf diese Weise ein verborgenes Potential.

Laß einen Stern herein

Werde immer mehr eins mit den Sternen. Wenn Sterne am Himmel sind, und die Nacht klar ist, leg dich auf die Erde und schau in die Sterne. Wenn du dich zu einem Stern ganz besonders hingezogen fühlst, konzentriere dich auf diesen einen Stern. Während du dich darauf konzentrierst, stell dir vor, du seist ein kleiner See, und dieser Stern spiegelt sich nun bis in deine Tiefen wieder. Sieh also den Stern am Himmel und den Stern, der sich in dir widerspiegelt. Laß dies deine Meditation werden, und es wird eine ungeheuer große Freude und Fröhlichkeit daraus entstehen. Wenn du erst einmal das Gefühl kennst, brauchst du nur deine Augen zu schließen, und du wirst diesen Stern sehen; aber zuerst mußt du ihn finden.
Im Osten gibt es einen Mythos, der besagt, daß jeder Mensch seinen bestimmten Stern hat. Nicht jeder Stern ist für jeden Menschen da, jeder hat seinen ganz besonderen Stern.

All diese Meditationen wirken auf eine tiefe Weise entspannend auf den menschlichen Geist. Man kann dadurch seinem inneren Wesen auf ganz einfache Weise näherkommen. OHNE DASS NEGATIVE GEFÜHLE WIE WUT, TRAUER UND SCHMERZEN WEGGE-STECKT ODER VERLEUGNET WERDEN MÜS-SEN. Im Gegenteil, man lernt einen kreativen und frucht-baren Umgang damit kennen und kann sie daher trans-formieren. Für das Lernen bedeutet das, daß man nicht mehr durch negative Gefühle und Einstellungen behin-dert wird, sondern den Anforderungen offen gegenüber-steht. Durch diese geistige Ausgeglichenheit und Offen-heit ist man besser in der Lage, Informationen aufzuneh-men und zu sortieren.

Machen Sie hier Ihr Mind Map zu diesem Kapitel (vgl. S. 39 ff.).

Entspannung

Bildhafte Vorstellung und Fantasie

Im Kapitel »Wie lernen wir?« wurde bereits einiges über die Wirkungsweise des bildhaften Denkens der rechten Gehirnhälfte gesagt. Im folgenden soll das anhand von Beispielen für den Lernbereich noch verdeutlicht werden.

Ein Bild sagt mehr aus tausend Worte

Wir sprachen bereits davon, daß ein Bild sich blitzschnell abrufen läßt. Lassen Sie beispielsweise eine schöne Urlaubslandschaft vor Ihrem inneren Auge entstehen. Nach und nach wird sich dieses Bild mit immer mehr Details füllen, die Ihnen anfangs vielleicht gar nicht mehr bewußt waren. Möglicherweise werden Sie sogar etwas riechen oder andere Sinneswahrnehmungen haben.

Es wird gesagt, daß das menschliche Gedächtnis (überwiegend das rechte Gehirn) sämtliche visuell wahrgenommenen Dinge gespeichert hat, auch wenn uns das nicht mehr bewußt ist. Unter Hypnose kann man z.B. die Einrichtung des eigenen Kinderzimmers während der ersten Lebensjahre detailliert erinnern und auch beschreiben.

Diese ungeheure Kraft der Imagination ist schon seit zweitausend Jahren bekannt und bildete auch Basis der sogenannten Mnemotechniken (Mnesis = Gedächtnis). Vereinfacht sieht das dann so aus, daß abstrakte Begriffe, Zahlen, Daten, Vokabeln oder Namen mit entsprechenden Bildern verknüpft werden. Dadurch erhöht sich die Merkfähigkeit immens.

Die folgende kleine mnemotechnische Übung überrascht und verblüfft durch ihre Einfachheit. Sie können das selbst ausprobieren! Stellen Sie sich vor, Sie sind auf einer Party und möchten Ihre Freunde mit Ihrem phänomenalen Gedächtnis beeindrucken. Schlagen Sie vor, daß Ihnen 10 beliebige Begriffe genannt werden. Sie werden diese sofort oder nach einiger Zeit in der genannten Reihenfolge, rückwärts, oder einzeln (den 5., den 9. und 3. Begriff) wiedergeben. Lassen Sie einen der Gäste die genannten Begriffe in der richtigen Reihenfolge mitschreiben. Und so funktioniert es: Wählen Sie Bilder wie im folgenden Beispiel, die Sie fest mit den Zahlen von 1 bis 10 (oder auch bis 20, 30, 40) verknüpfen.

1	einsames Haus
2	Zwillinge
3	Dreimastsegler
4	Klavier
5	Hand (5 Finger)
6	Sextett
7	Siebenschläfer
8	Achterbahn
9	Kegeln
10	10 kleine Negerlein

Diese oder die von Ihnen gewählten Bilder sollten fest in Ihrem Gedächtnis verankert sein. Wenn Ihnen nun, um beim Beispiel zu bleiben, als erster Begriff »Apfel« genannt wird, dann verknüpfen Sie das Bild des Apfels auf möglichst lustige und bizarre Weise mit dem des einsamen Hauses. Das kann dann so aussehen, daß ein riesiger grüner Apfel wie eine Rauchwolke aus dem Kamin des einsamen Hauses steigt. Je ungewöhnlicher und lustiger das Bild ist, desto besser läßt es sich einprägen und erinnern. Wenn Sie dann später gefragt werden, wie der erste Begriff lautete, so taucht automatisch das Bild des einsamen Hauses auf, aus dessen Kamin ein riesiger grüner Apfel steigt. Wählen Sie stets lustige, ungewöhnliche Kombinationen, da diese sich leicht erinnern und später schneller abrufen lassen.

Solche Methoden sind für das Lernen von Vokabeln allerdings nicht sinnvoll, eignen sich jedoch gut für Einkaufszettel, die Gliederung eines Vortrages u.v.m. Außerdem verdeutlichen sie die Kraft der bildhaften Vorstellung.

Bei vielen Lerntechniken wird dieses Wissen bereits benutzt. Auch bei Superlearning soll jeder zu lernende Begriff möglichst auch als Bild gesehen werden. Noch wirksamer wird der ganze Vorgang, wenn nicht nur einzelne Bilder, sondern ganze Bildfolgen mit dem Lernstoff verknüpft werden. Wie man das macht, zeigt das folgende Kapitel.

Fantasie ist gefragt

Fantasiereisen sind ein ganz wichtiges Element des Superlearning. Hier sind dem Lernenden und dem Lehrer keine Grenzen gesetzt. Der Lernstoff wird dabei mit einer möglichst ausdrucksvollen und lebendigen Geschichte oder Bilderfolge verknüpft. JE MEHR SINNE ANGESPROCHEN WERDEN, DESTO BESSER.

Zum einen sieht der Lernende die Geschichte vor seinem inneren Auge, zum anderen kann er die darin vorkommenden Dinge und Personen auch hören, fühlen, berühren, riechen oder schmecken. Das geschieht alles in seiner Vorstellung. JE MEHR SINNE ANGESPROCHEN WERDEN, DESTO LEBENDIGER WIRD DIE SZENE. Und je lebendiger sie ist, desto besser prägt sich der damit verbundene Lernstoff ein.

Ein Beispiel aus einem Italienischkurs: Der Lehrer fordert seine Schüler auf, sich zu entspannen und ihm mit geschlossenen Augen zu folgen. Dann beginnt er mit der Fantasiereise in italienischer Sprache. Die Bedeutung der Worte hat er zuvor kurz erklärt oder er wechselt bei komplizierten Passagen in die Muttersprache über:
»Du bist an einem wunderschönen weiten, weißen Sandstrand im Süden Italiens. Deutlich spürst du die warme Sonne auf deinen Schultern, während du langsam am Strand entlangläufst. Du hörst das Rauschen des Meeres und siehst, wie sich die Wellen im Sonnenlicht glitzernd am Strand brechen. Du läufst auf das Wasser zu und genießt dieses sanfte Prickeln in deinen Füßen, wenn sie im warmen, weichen Sand versinken. In tiefen Zügen atmest du den Meeresgeruch ein. Zufrieden mit dir selbst beobachtest du den lebhaft rufenden Eisverkäufer, der dir entgegenkommt. Du freust dich schon auf das gute, italienische Eis. Jetzt sagst du zum Eisverkäufer, der dich freundlich anlächelt …« usw.

Jede beliebige Geschichte läßt sich in dieser Form erzählen. Die Schüler können Rom oder Venedig besuchen,

Abstecher in die Geschichte machen, in eine Pizzeria gehen und vieles mehr.

Wenn Sie etwas Vertrauen in Ihre Fantasie gewonnen haben, werden Sie bald merken, daß ihr keine Grenzen gesetzt sind. Im Gegenteil, JE MEHR SIE IHRE FANTASIE GEBRAUCHEN, DESTO LEBHAFTER WIRD SIE. Jedes Lerngebiet kann in eine oder mehrere solcher Fantasiereisen umgesetzt werden.

Die Schüler lieben solche Fantasiereisen, denn

— sie können selbst als Hauptfigur in der Geschichte auftreten. Sie könnten z.B. auch in die Rolle des Eisverkäufers schlüpfen.
— sie haben das Gefühl, als seien sie tatsächlich in Italien und sehen sich selbst dabei, wie sie dort ohne Schwierigkeiten die Sprache anwenden.
— die Geschichte ist angenehm, und sie fühlen sich wohl dabei. Das positive Erleben der Situation in Verbindung mit der Fremdsprache steigert das Interesse und die Vorfreude, die Sprache auch real anzuwenden.
— die Tatsache, daß sie sich in ihrer Vorstellung bereits erfolgreich im Umgang mit der Sprache erleben, motiviert sie in hohem Maße, dieses Erfolgserlebnis jetzt auch in ihr reales Leben zu übertragen.

Im Sprachunterricht, aber auch in anderen Fächern, kann es die Wirksamkeit einer Fantasiereise erhöhen, wenn die Schüler ihre Identität wechseln und in andere Rollen schlüpfen. Also nach dem Motto: »Ich bin der italienische Eisverkäufer«, »Ich bin ein spanischer Fischer«, »Ich bin Newton«, oder »Ich bin König Ludwig«.

Um diese inneren Filme überhaupt vor dem geistigen Auge sehen zu können, ist es wichtig, daß man sich entspannen kann.

Machen Sie hier Ihr Mind Map zu diesem Kapitel (vgl. S. 39 ff.).

Bildhafte Vorstellung und Phantasie

Positive Suggestionen und mentales Training

»Der Mensch wird oft zu dem, was er zu sein glaubt. Wenn ich mir ständig einrede, eine bestimmte Sache gehe einfach über meine Kraft, dann kann es sein, daß ich schießlich tatsächlich zu schwach bin. Glaube ich hingegen fest an meine Fähigkeit, eine bestimmte Leistung zu erbringen, so werde ich diese Fähigkeit sicherlich erwerben, auch wenn ich sie ursprünglich nicht besaß.«

MAHATMA GANDHI

Dieses Kapitel soll als Anregung zum Nachdenken dienen.

Wenn Sie diese Anregung aufnehmen und auf sich wirken lassen, so kann es geschehen, daß vermeintliche Tatsachen ins Wanken geraten. Denn die Art, wie man über bestimmte Dinge denkt, kann sich plötzlich verändern.

Ebenso ist es möglich, daß Sie Ihr Handeln ändern, da sich Ihr Selbstbild positiv gewandelt hat. Sie haben die Gelegenheit, sich selbst und Ihre Umgebung mit anderen Augen zu sehen.

Der Gedanke ist der Vorbote der Tat. Das heißt, die Gedanken bestimmen das Handeln und das Handeln wiederum bestimmt das Leben und die Art der Erfahrungen. Wenn man beispielsweise von vornherein denkt, daß einen die Arbeitskollegen nicht mögen, dann sieht man alles, was sie tun und sagen, hauptsächlich nur in diesem Licht und reagiert dann entsprechend darauf. Wenn einen ein Kollege um einen Gefallen bittet und man vermutet eine Schikane dahinter, wird man ärgerlich reagieren, auch wenn man dies nicht offen zeigt. Der ahnungslose Kollege wird sich wundern und sich zurückziehen oder die betreffende Person mit der Zeit tatsächlich unsympathisch finden. Er wird Sie meiden, und dann ist die Situation, die man gedanklich vorweggenommen hat, tatsächlich entstanden: der Kollege begegnet einem verhalten oder läßt einen links liegen. Die Psychologie nennt das »selbsterfüllende Prophezeiungen«.

Dasselbe gilt für das Lernen und alle anderen Lebensbereiche. WER GLAUBT, EINE FÄHIGKEIT NICHT ZU BESITZEN, WIRD AUCH NICHTS UNTERNEHMEN, DIESE FÄHIGKEIT ZU ERWERBEN. Wer sich für unattraktiv hält, wird sich auch dementsprechend verhalten.
Und so wird er von anderen Menschen eingeschätzt.

Dazu können Sie folgende Übung machen: Suchen Sie pro Person zwei oder drei positive Eigenschaften, z. B. Frau Schmidt ist großzügig. Herr Müller ist entscheidungsfreudig. Sehen Sie dann in Gedanken die Situationen durch, die Sie bewogen haben, diese Eigenschaft an der Person festzustellen. Sie werden sehen, daß Sie nur Aussagen über das Verhalten der Person machen können. Sie könnten ebenso gut behaupten: Frau Schmidt verhält sich, ALS SEI sie großzügig. Herr Müller verhält sich so, ALS SEI er entscheidungsfreudig. Nehmen Sie jetzt sich selbst und suchen Sie drei negative Eigenschaften.

Notieren Sie sich diese drei negativen Eigenschaften auf einem Blatt Papier. Jetzt gehen Sie in Gedanken noch einmal die Szenen durch, die Sie bewogen haben, jene drei Eigenschaften auszuwählen. Es handelt sich wieder um Erfahrungen, die Sie im Laufe Ihres Lebens gemacht haben und in denen Sie sich verhalten haben, ALS OB …
Nehmen Sie jetzt noch einmal den Stift zur Hand oder schreiben Sie jede Eigenschaft folgendermaßen um: Meistens verhalte ich mich so, ALS OB ich geizig sei. Meistens verhalte ich mich so, ALS OB ich keine Sache zu Ende führen könnte.
Nehmen Sie nun die positiven Gegenstücke Ihrer drei negativen Eigenschaften und schreiben Sie folgende Sätze nieder: Manchmal verhalte ich mich so, ALS OB ich großzügig sei. Manchmal verhalte ich mich so, ALS OB ich eine Sache bestens zu Ende führen kann.

Schließen Sie nun die Augen und stellen Sie sich vor, wie Sie sich dann verhalten werden. Sie können noch einen Schritt weiter gehen und sich einen ganzen Tag lang so verhalten, ALS OB Sie diese positiven Eigenschaften besäßen. Sie werden die Welt plötzlich mit anderen Augen sehen. Denn Gedanken wirken sich auf Gefühle und Handlungen aus und beeinflussen so die Erfahrungen eines Lebens. Man sagt nicht umsonst: »Sieh, welch Geistes Kind er ist …« Sicherlich läßt sich nicht unbedingt beeinflussen, WAS jemandem geschieht. Dennoch ist nicht dieses WAS ausschlaggebend, sondern WIE man darauf reagiert.

> ÄNDERN SIE DIE GEDANKEN,
> DIE SIE BEGRENZEN
> UND SIE SPRENGEN
> EIGENE VERHALTENSMUSTER.

Das ganze menschliche Leben ist ein LERNprozeß, wobei das spezielle Lernen z.B. eines Wissensgebietes nur eine Form dieses Prozesses darstellt. Die Art, wie man sich ein Wissensgebiet aneignet, ist wie alles andere geprägt von Gedanken, Gefühlen, Stimmungen, Interessen, Vorurteilen, Mut, Risikobereitschaft, Angst, Zweifel, Begeisterung, Vertrauen oder Unsicherheit. Wer sein Lernverhalten positiv verändert, ändert automatisch auch sein sonstiges Verhalten und umgekehrt. Man wird insgesamt wacher, interessierter, selbstbewußter und aufmerksamer.

Sie können mehr, als Sie denken!

Es gibt mittlerweile viele Bücher zum Thema »positives Denken«, die auf dem Wissen um die Kraft der Gedanken basieren. Viele machen es sich jedoch teilweise zu einfach, wenn sie negative Gedanken einfach durch positive ersetzen. Diese Vorgehensweise führt (jedoch) nicht zu einem Verständnis der inneren Abläufe im Menschen.

Fest steht, daß die meisten Menschen tendenziell eher zu negativen Gedanken neigen. Durch häufiges Wiederholen dieser vermeintlichen Tatsachen über lange Zeiträume hinweg (»Ich bin unbegabt«, »Ich bin ungeschickt«, »Ich bin unmusikalisch« usw.), gewinnen diese immer mehr an Realität, da man sich dann auch so verhält.

Meist glaubt man so fest daran, daß man überhaupt niemals auf die Idee kommen würde, es könne vielleicht auch anders sein. Daher fehlt jeglicher Wunsch, etwas in die entgegengesetzte Richtung zu unternehmen.

WER ETWAS FÜR UNMÖGLICH HÄLT, WIRD AUCH NICHT VERSUCHEN, ES MÖGLICH ZU MACHEN.

Aber nur wer nach Möglichkeiten sucht und in Gedanken damit spielt, kann eine Realisierung in Betracht ziehen. Glücklicherweise beruhen diese negativen Gedanken meist auf Erlebnissen, die lange zurückliegen und heute keinerlei reale Basis mehr haben.
Dieses zu erkennen und ein vorschnelles »Ich kann nicht …« in der aktuellen Situation nochmals zu überdenken, führt zu einem »Was würde ich tun, wenn ich könnte?«

Damit haben Sie einen ersten Schritt in Richtung positiver Veränderung getan. Das macht Sie offen für neue Erfahrungen und stärkt das Vertrauen in noch unbekannte Fähigkeiten. Selbst wenn man bestimmte Fähigkeiten noch nicht besitzt, so wird man Möglichkeiten finden, wie man diese erwerben kann. Denn es gibt nichts, was sich nicht lernen läßt.

Der zweite wichtige Punkt, um sich von einem negativen Denken zu lösen, ist die Wortwahl. Sie können es selbst ausprobieren: Achten Sie einmal bewußt auf Ihre eigene Wortwahl oder diejenige anderer. Oft sind wir uns über unsere Gedanken nicht im klaren. Wie oft denken oder sagen wir: »Ich werd' verrückt!«, »Bin ich blöde!«, »Dazu bin ich zu dumm / zu alt!«, »Ich lasse nach!«, »So was kann auch nur mir passieren!« Ständig huschen uns solche Gedanken durch den Kopf.

Ein weiterer Punkt sind Verneinungen: Stellen Sie sich jetzt nicht vor, wie ein brauner Affe seine Banane schält. Natürlich haben Sie das Bild trotzdem vor Ihrem geistigen Auge gesehen. Man sagt, daß unser Unterbewußtsein Verneinungen nicht versteht, und daher verneinende Sätze so aufnimmt, als wäre das »nein« nicht vorhanden. Und wie oft sagen wir Dinge wie: »Fall da bloß NICHT runter!« »Vergiß den Schlüssel NICHT!« »Zerbrich mir NICHT mein gutes Geschirr!«

Positive Wortwahl soll nicht dazu dienen, Wahrheiten zu verdrehen oder zu vertuschen. Sie ist jedoch insofern wichtig, da der verbale Ausdruck es ermöglicht, Perspektiven zu eröffnen.
Also anstatt zu sagen: »Du bist ein schlechter Schüler«, sagen Sie lieber: »Du kannst dich noch verbessern.«
Dazu wieder eine Geschichte: Es war einmal ein König, der hatte einen Traum. Er fragte seinen Traumdeuter, was denn dieser Traum bedeute. Der Traumdeuter jammerte: »Oh, Herr König, welch schreckliche Nachrichten! Ihre Frau wird sterben, Ihre Eltern werden sterben. Ihre Kinder werden sterben, oh, welch ein Unglück!«
Darauf sagte der König: »Wie kannst du es wagen, mir so schlimme Nachrichten zu überbringen, in den Kerker mit dir.« Der König stellte einen neuen Traumdeuter ein. Er erzählte diesem denselben Traum und fragte nach der Bedeutung. »Welch gute Nachrichten«, jubelte der neue Traumdeuter. »Sie werden Ihre Frau überleben, Sie werden Ihre Eltern überleben, Sie werden Ihre Kinder überleben, Sie werden lange leben, welch Glück für Sie, Herr

König!« Beide Traumdeuter sagten das gleiche aus, nur —
der erste hatte es negativ formuliert, und der zweite positiv!

Positive Suggestionen

Dieser Begriff ist hierzulande nicht sehr beliebt. Er erinnert an Werbung, an Hypnose, an Dinge, die mit uns gemacht werden, ohne daß wir es wollen. Daher hat auch
das Wort »Suggestopädie« für manche einen negativen
Beigeschmack.
Das Wort »Suggestion« kommt aus dem Lateinischen sug-
gerer = vorschlagen. Auch im Englischen hat »to suggest«
diese Bedeutung. Das verändert den Wortcharakter vollkommen. Unter Autosuggestion versteht man demnach
»sich selbst etwas vorschlagen«.
In der Realität sieht es so aus, daß wir permanent suggerieren und auch Suggestionen von unserer Umwelt emp-
fangen. Nur geschieht das zumeist, ohne daß man sich
dessen bewußt ist.

Suggestionen spielen in allen Lebensbereichen eine Rolle.
Sie sind Bestandteil jeder Unterhaltung und jeden Gespräches. Schon allein durch die Kleidung suggeriert man
dem Gegenüber eine bestimmte Geisteshaltung oder ein
gewisses Befinden. Man macht indirekte Aussagen über
Lebensart, Geschmack, finanzielle Situation, Status usw.

Zu einem Vorstellungsgespräch werden Sie versuchen,
z.B. durch Kleidung, Auftreten, Körpersprache und Tonfall ein ganz bestimmtes Bild von sich zu suggerieren, das
oftmals stärker auf das Gegenüber wirkt als das rational-
verbale Gespräch und der bloße Austausch von Informationen.

Je bewußter und klarer man Suggestionen wahrnehmen kann (das läßt sich trainieren), desto unempfindlicher und weniger beeinflußbar wird man durch sie.

Da Suggestionen von vielen Seiten auf uns einwirken und in ihrer positiven Form die gleiche Kraft haben wie in ihrer negativen, spielen sie im Superlearning eine große Rolle. Umgebung, Einrichtung und Farbgestaltung des Unterrichtsraumes, Auftreten, Gestik und verbale Aussagen des Lehrers wie: »Dein Geist ist wach und frisch«, »Du bist völlig konzentriert und aufnahmebereit«, »Du freust dich auf die kommende Stunde«, »Das Lernen macht dir Spaß« sind alles suggestive Elemente, die den Lernprozeß erheblich beeinflussen.

Beachten Sie bei verbalen Suggestionen, daß sie keine negativen Worte und Verneinungen enthalten, also nie: »Sie sind jetzt nicht mehr unkonzentriert« oder »Ihre alten, negativen Erfahrungen haben jetzt keine Kraft mehr«. Anfangs werden Sie sicher etwas überlegen müssen, um eine positive Formulierung zu finden. Mit der Zeit wird es Ihnen zunehmend leichter fallen, und Ihnen wird die negativ ausgerichtete Ausdrucksweise Ihrer Umwelt befremdlich vorkommen. Versuchen Sie dabei jedoch nicht, »Wahrheiten« zu verdrehen, sondern machen Sie sich bewußt, daß ALLES zwei Seiten hat, wie die zwei Seiten einer Medaille. Versuchen Sie einfach, die positive Seite zu sehen und diese auch auszudrücken.

Mentales Training motiviert

Mit dem mentalen Training machen Sie sich die Kraft des positiven Denkens zunutze. Dabei läßt man einen Film vor dem inneren Auge abspielen, in welchem man selbst Autor, Produzent, Regisseur und Hauptdarsteller ist. Dieser Film handelt entweder von einem zukünftigen Geschehen, das in der von uns gewünschten Form stattfindet, oder aber von einer negativen vergangenen Erfahrung, die jetzt positiv verändert oder durch ein vergleichbares positives Ereignis ausgetauscht wird.

Das mentale Training findet heute schon breite Verwendung bei Spitzensportlern, die sich auf diese Weise auf Wettkämpfe vorbereiten. Einige erfolgreiche Abfahrtsläufer zum Beispiel fahren die Piste vor dem eigentlichen Rennen im Geiste einige Male herunter. Sie stellen sich dabei deutlich vor, wie sie alle Schwierigkeiten überwinden und mit erhobenen Armen und einer sehr guten Zeit durchs Ziel kommen.

Aber auch Golf- und Tennisspieler, Hoch- und Weitspringer sowie Sportler aus vielen anderen Disziplinen sind davon überzeugt, daß ihnen diese Art der inneren Vorbereitung eine große Hilfe ist.

Auch bei der Lösung von Problemen wie beispielsweise Prüfungsangst wird mentales Training erfolgreich eingesetzt. Dabei stellt man sich vor, wie man in der Prüfungssituation ruhig und gelassen bleibt und souverän auf jede Frage eingehen kann. Man empfindet das angenehme Gefühl, das sich einstellt, wenn die Prüfer aufmerksam und interessiert zuhören. Man stellt sich die Situation so detailliert und lebendig wie möglich vor, damit sie wirklich zu einer inneren Erfahrung wird, auf die man später zurückgreifen kann.

Mehrfach durchgeführt, am besten abends vor dem Einschlafen und morgens gleich nach dem Aufwachen, bewirkt dieser »innere Film«, daß die bisherige negative Erfahrung durch eine neue, positive ergänzt wird. In der realen Prüfungssituation hat man dann beide Erfahrungen zur Verfügung. Die äußerlich erlebte negative und die innerlich erlebte positive Erfahrung. Durch die Kraft der Vorstellung wird diese zweite Erfahrung, auch wenn sie »real« nicht stattgefunden hat, einen beruhigenden Einfluß auf die Prüfungssituation ausüben.

Superlearning wendet sowohl die auf die Zukunft gerichtete Version des mentalen Trainings an (»Ich werde in meinem nächsten Spanienurlaub fließend Spanisch sprechen«) als auch die positive Veränderung der eigenen Geschichte. (»Es fällt mir jetzt leicht, Spanisch zu lernen.«) Durch die gedanklich noch einmal erlebten Lernerfolge entsteht eine angenehme und aufnahmefördernde Lernatmosphäre. Diese Übung macht man so lange, bis man das ehemalige Gefühl der Freude und Stärke sinnlich und emotional vollkommen vergegenwärtigen kann. Mit Zuversicht und Vertrauen in die eigenen Fähigkeiten wird dann der neue Lernstoff angegangen.

Fassen wir noch einmal kurz zusammen: Die Macht unserer Gedanken und Vorstellungen, ob positiv oder negativ, bestimmen unsere Gefühlswelt und unser Handeln. Führt man über einen längeren Zeitraum das mentale Training durch, so lernt man, sich selbst mit positiven Vorschlägen zu motivieren, den eigenen Selbstwert zu erhöhen und das Vertrauen in Fähigkeiten zu stärken.

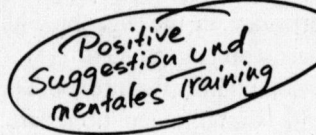

Positive Suggestion und mentales Training

Die Macht der Musik

Es wird soviel über Musik gesprochen und so wenig gesagt. Ich glaube überhaupt, die Worte reichen nicht hin dazu, und fände ich, daß sie hinreichten, so würde ich am Ende gar keine Musik mehr machen.

FELIX MENDELSSOHN-BARTHOLDY

Es war längst nach Mitternacht und der russische Gesandte Graf Keyserlingk wälzte sich wie schon oft schlaflos auf seinem Krankenlager. Schließlich befahl er einem Diener: »Rufen Sie Goldberg!« Johann Goldberg, ein Musiker, wurde aus dem Bett geholt und zum Grafen geführt. »Ach, Goldberg, würden Sie bitte die Freundlichkeit haben, mir wieder eine meiner Variationen vorzuspielen?« Goldberg ging ans Cembalo und spielte eine Komposition, die Johann Sebastian Bach eigens für Graf Keyserlingk geschrieben hatte, als der ihn von seinen

schrecklichen schlaflosen Nächten erzählt hatte. »Könnten Sie mir nicht irgendeine Musik komponieren, die mir Hilfe schafft?« fragte er. »Etwas Ruhiges, aber auch heiter, freundlich!«

Bach erfüllte Keyserlingks Wunsch, und Goldberg spielte nun dieses besondere Musikstück für den Grafen, der sich alsbald erfrischt und weniger verkrampft fühlte. Er verlangte, daß ihm jedesmal, wenn er nicht schlafen konnte, dieselbe Musik vorgespielt würde. Goldberg mußte ein in der Nähe gelegenes Zimmer beziehen und sich bereit halten, auf Wunsch die heilsame Komposition zu spielen. Graf Keyserlingk war über die positive Wirkung des Stücks in der Tat so erfreut, daß er Bach ein großzügiges Geldgeschenk machte. Das Musikwerk wurde zu Ehren des gefälligen Cembalisten übrigens »Goldberg-Variationen« genannt.

Es ist äußerst delikat, etwas über Musik zu sagen, denn es handelt sich dabei um »eine Sprache, die wir sprechen und verstehen, jedoch zu übersetzen nicht imstande sind«, wie es Hanslick ausdrückt. Wir haben uns daher entschlossen, die Wirkungsweise von Musik anhand von Zitaten und Geschichten darzustellen.

Musik: die Sprache der Seele

MUSIK KANN NICHT IN WORTEN AUSGEDRÜCKT WERDEN, NICHT WEIL SIE ZU VAGE WÄRE, SONDERN WEIL SIE GENAUER IST ALS WORTE.

Genau diese Tatsache macht eine streng-wissenschaftliche Untersuchung von Musik und deren Wirkung auf den Menschen so schwierig.

Früher wurde in zeitgenössischen Klöstern während der Studienzeit der Priester Hintergrundmusik gespielt. Jene Priester waren oftmals in der Lage, ganze Bücher mit religiösen Texten auswendig zu lernen.

Im Athen der Antike sang der Vortragende bei den Festlichkeiten, die einmal alle vier Jahre stattfanden, ganze Werke auswendig. Er wurde vom Herzschlag einer sanft gespielten Leier begleitet.

Dr. Singh von der Annamalai Universität in Indien ließ Pflanzen mit lautenartiger Musik berieseln. Er legte eine Kontrollgruppe mit denselben Pflanzen an, die genauso behandelt wurden, jedoch ohne Musik. Nach einem Monat war das Ergebnis vor aller Augen sichtbar: die Pflanzen, die mit der Musik berieselt wurden, hatten 72% mehr Blätter und waren um 20% höher gewachsen als die Kontrollgruppe. Als nächstes ließ er ganze Reisfelder über riesige Lautsprecher mit Musik berieseln. Die Ernte war um 25% bis 60% höher als der regionale Ertrag.

Measures und Weinberger, zwei kanadische Forscher, fanden mit ihren Experimenten heraus, daß Ultraschall-Frequenzen einen Einfluß auf das Keimen der Samen und deren Wachstum haben. Auch scheinen verschiedene Pflanzen unterschiedliche Frequenzen zu bevorzugen.

Eine andere Forscherin aus Denver, Frau Pettallack, untersuchte die unterschiedliche Wirkung von verschiedenartiger Musik auf Gemüsepflanzen, Petunien, Zinnien und Ringelblumen. Die Pflanzen reagierten auf Rockmusik entweder mit abnormer Härte und gleichzeitig sehr kleinen Blättern, oder sie verkümmerten. Alle Pflanzen neigten sich weg von den Lautsprechern und starben nach etwa zwei Wochen. Bei Barockmusik und Werken von Haydn, Brahms, Beethoven gediehen die Pflanzen und neigten sich zur Quelle der Musik hin. Besondere Wirkung zeigte auch indische Sitar-Musik von Ravi Shankar.

Hier neigten sich die Pflanzen bis zu 60 % in Richtung der Klangquelle, und manche wickelten sich sogar um die Lautsprecher herum.

Lernen mit Musik macht Spaß

Wie Sie anhand der Beispiele gesehen haben, wirkt Musik in verschiedener Weise auf den Menschen, abhängig von Rhythmus, Melodie und Klangmuster. Sie macht uns fröhlich oder traurig, aufgeregt oder ruhig, aggressiv oder ausgeglichen. Musik spricht überwiegend die rechte, intuitive Gehirnhälfte an, deren Aktivierung ein Ziel des Superlearning ist.

Für das Lernen kann in bezug auf die Musik folgendes gesagt werden:

- Musik harmonisiert geistige Prozesse
- Sie steigert das körperliche und geistige Wohlbefinden
- Sie wirkt entspannend und angstlösend
- Sie erhöht die Aufnahme- und Konzentrationsfähigkeit
- Sie aktiviert die rechte Gehirnhälfte
- Sie schafft eine angenehme Atmosphäre
- Sie harmonisiert die Atmung

Diese positiven Auswirkungen werden beim Superlearning durch den gezielten Einsatz ganz bestimmter und ausgewählter Musikstücke erreicht. Für die ruhige Lernphase, auch zweites Lernkonzert genannt, werden langsame Largo-Stücke der Barockmusik (Bach, Vivaldi, Händel, Telemann usw.; siehe Musikliste im Anhang) verwendet. Diese hat sich mit einem klaren und einheitlichen Rhythmus oder einem Takt von ca. 60 Schlägen pro Minute besonders bewährt.

Die Komponisten des Barocks gingen davon aus, daß es eine heilige Ordnung im Universum und in der Natur gibt. Der Mensch schien einer Reihe von genauen Maßen und Verhältnissen unterworfen zu sein. Diese GOLDENE MITTE fand in der Kunst, in der Architektur und in der Musik ihren Ausdruck. Ziel war es, eine Musik zu schaffen, die eine ganz bestimmte einigende Stimmung besaß und den menschlichen Geist von weltlichen Belangen zu befreien half. Wenn wir diese Art von Musik hören, dann verlangsamen sich der Puls und die Atemfrequenz. Wir entspannen uns, und gleichzeitig erhöht sich unsere Aufmerksamkeit und Konzentration. All das ist für ein besseres Lernen von Bedeutung. Für die lebendige Lernphase, auch erstes Lernkonzert genannt, wird entsprechend lebendige, abwechslungs- und spannungsreiche oder gar dramatische Musik verwendet. Hier eignet sich am besten die Musik der Klassik, Barockmusik, aber auch viele andere Musikarten.

Sie haben in dieser Phase relativ freie Wahl. Als Alternative wird bei Entspannungsübungen und Fantasiereisen auch sogenannte meditative Musik eingesetzt. Diese Synthesizer-Sphärenmusik mit sanft fließenden Klangmustern finden Sie mittlerweile in fast allen Plattengeschäften unter der Rubrik »Meditationsmusik«.

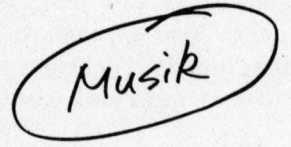

6 Superlearning und Ihr eigenes Lerngebiet

Die Aufbereitung des Stoffes

Hier geht es darum, aus dem zu lernenden Stoff die Fakten und Daten herauszusuchen, die den Lerninhalt ausmachen. Diese werden in kleinen, bis zu zehn Worte umfassenden Einheiten oder Sätzen herausgeschrieben. Seien Sie dabei kritisch mit dem Lernstoff. Machen Sie sich wie ein Detektiv an die Arbeit und versuchen Sie, das Wesentliche zu erfassen. Stellen Sie sich also immer wieder Fragen.

Erinnern Sie sich hie und da an das fragende Staunen, an die Freude und unbändige Motivation, die das Lernen begleiteten, als Sie noch ein Kind waren.

Gehen Sie vom Ganzen aus. Verschaffen Sie sich einen Überblick. Ganzheitlich Lernen heißt auch, die einzelnen Sachverhalte in ihren gesamtheitlichen Zusammenhängen zu sehen (nicht vor lauter Bäumen den Wald nicht mehr sehen!).

Die Aufbereitung von sogenanntem Paukstoff ist dagegen einfacher: Bei Vokabeln beispielsweise schreiben Sie diese und die jeweilige Übersetzung untereinander. Und zwar am besten so, daß sie beim Lesen in einem Sinnzusammenhang stehen. Also nicht:

apple — Apfel
cherry — Kirsche
plum — Pflaume usw.

sondern eher folgendermaßen:

the market — der Markt
you can find apples — es gibt Äpfel hier
I like apples — ich mag Äpfel
I prefer cherries — ich bevorzuge Kirschen
what about plums — was ist mit Pflaumen
it's not the season for plums — es ist keine Pflaumenzeit

Sie sehen, daß im zweiten Fall eindeutig das Bild eines Marktes und eines Gespräches entsteht. Das erleichtert das Lernen wesentlich. Ist eine Einheit eine Frage, sollte die nächste die Antwort darauf sein.

Bei anderen Lerngebieten, wie z.B. Geschichte, sollte das Lesen der Einheiten für Sie den gesamten Zusammenhang wiedergeben, so daß Sie auch bei späteren Wiederholungen nicht mehr auf den Ursprungstext zurückgreifen müssen.

Wenn Sie den zu sprechenden Text ausgewählt und aufgeschrieben haben, nehmen Sie sich einen Stift zur Hand und malen Sie ganz spontan das Bild daneben, das Ihnen als erstes beim Lesen des Begriffes einfällt. Selbst bei ganz abstrakten Formeln kann Ihnen irgendein Bild in den Sinn kommen. Malen Sie es auf, auch wenn es Ihnen albern erscheint und keinerlei Zusammenhang für Außenstehende zu erkennen ist. Es wird Ihnen beim späteren Lernen eine gute Gedächtnisstütze sein.

Das Ihnen nun vorliegende Blatt bildet die Grundlagen für das Aufnehmen Ihrer eigenen Lerncassette.

Das Besprechen eigener Cassetten

Wenn Sie Ihren Lernstoff aufbereitet haben, können Sie beginnen, die Cassette zu besprechen. Dabei wird in der Regel der 8-Sekunden-Takt verwendet. Das heißt, Sie sprechen 4 Sekunden, gefolgt von 4 Sekunden Pause. Genauso wie es unerheblich ist, wenn das Sprechen die 4 Sekunden übersteigt, ist es auch nicht unbedingt notwendig, sich an diesen 8-Sekunden-Takt zu halten.

Wichtig ist jedoch die Pause nach der Lerneinheit, damit der Stoff sich setzen kann und Sie Zeit haben, sich entsprechende Bilder vorzustellen. Auch für Nachsprechübungen sind solche Pausen gut geeignet.

Wenn Sie sich an den 8-Sekunden-Takt halten möchten, verwenden Sie dazu eine Uhr, ein Metronom oder speziell dafür erstellte Zeittaktcassetten (siehe Anhang). Dabei wirkt es sich für das spätere Lernen nicht störend aus, wenn beispielsweise das Metronom auf der Cassette zu hören ist.

Wenn Sie den Stoff aufsprechen, versuchen Sie, ohne sich anzuspannen, möglichst viel Betonung und Leben in Ihre

Stimme zu geben. Übertreiben Sie dabei ruhig ein bißchen und wechseln Sie ab und zu die Lautstärke, z.B. laut — normal — leise, damit das Lernen für Sie später abwechslungsreich und lebendig wird.

Die Lernsitzung

Der im Folgenden beschriebene Ablauf einer Lernsitzung ist eine von mehreren Möglichkeiten. Er besteht aus zwei Durchgängen, wobei Sie beim ersten Hören ohne Musik Ihren Text mitlesen. Beim zweiten Durchgang hören Sie dann mit geschlossenen Augen den Text zusammen mit der Musik.

Bevor Sie mit ihrer ersten Lerneinheit beginnen, sollten Sie in der Lage sein, sich zu entspannen. Sie können zwar auch sofort nach dem Lernen beginnen, aber die beste Wirkung hängt stark davon ab, wie gut Sie sich entspannen können.

Legen Sie sich nun Ihren Text bereit und stellen Sie die beiden Cassettenrekorder in erreichbare Nähe. Setzen Sie sich ganz bequem hin, und schließen Sie die Augen. Entspannen Sie sich und lenken Sie Ihre ganze Konzentration auf den folgenden Lerninhalt. Geben Sie sich positive Suggestionen für das Kommende und versuchen Sie, einen Zustand der freudigen Erwartung herbeizuführen.

Wenn Sie vollkommen entspannt sind, schalten Sie Ihr Lernband ein und lesen dabei aufmerksam mit. Bei schwierigen Begriffen oder Vokabeln ist es empfehlenswert, diese in den Sprechpausen laut nachzusprechen.
Am Ende des ersten Durchganges sagen Sie sich mehrmals: »Ich bleibe jetzt vollkommen entspannt und lasse

mich durch nichts aus der Ruhe bringen, während ich das Lernband an den Anfang zurückspule.«

Schließen Sie nun die Augen und vertiefen Sie nochmals mit Hilfe der Musik, die Sie jetzt einschalten, die Entspannung. Wenn Sie eine gelöste Ruhe in sich spüren, öffnen Sie kurz die Augen, um das Lernband wieder einzuschalten. Lassen Sie bei diesem Durchgang den Lernstoff soweit wie möglich bildlich an Ihrem inneren Auge vorbeiziehen, jedoch ohne sich anzustrengen. Lassen Sie sich vollkommen von der Musik, ihrer Stimmung und dem angenehmen Gefühl der Entspannung tragen. Manchen gefällt die Musik so gut, daß sie ausschließlich darauf hören und sich dennoch erstaunlich viel merken können. Wichtig ist, wie schon gesagt, immer entspannt zu bleiben und sich selbst zu nichts zwingen zu wollen.

Am Ende der Lernsitzung geben Sie sich den Befehl, wieder ganz wach und frisch zu sein. Atmen Sie ein paar Mal tief durch, strecken Sie sich oder machen Sie eine Lockerungsübung.

Allgemeine Tips für leichteres Lernen

Folgendes ist bekannt: Einer der wichtigsten Antriebe beim Lernen ist die Belohnung, und die wichtigste Belohnung ist der Lernerfolg. Der Lernerfolg — und damit die Belohnung — liegt aber in der Zukunft. Es ist daher oft nicht vermeidbar, daß es zwischen Lernbeginn und dem Beherrschen des Stoffes immer wieder zu Motivationskonflikten kommt. Sie sollten lernen, möchten aber gerne ins Kino oder ausgehen.

Die folgenden Tips können Ihnen helfen, solchen Konflikten oder Unlustgefühlen beim Lernen erfolgreich zu begegnen:

— Setzen Sie sich kleine Lerneinheiten, und gönnen Sie sich die Freude der Belohnung (Film, gutes Essen, schöner Abend)

— Akzeptieren Sie die Dinge so, wie sie sind. Auch Sie haben mal einen schlechten Tag, an dem nichts funktioniert. Akzeptieren Sie diese Tage, und zwingen Sie sich nicht krampfhaft zum Tun. Halten Sie es mit der Aussage von Goethe: »Hast in der bösen Stund geruht, ist dir die gute doppelt gut.«

— Fast bei jedem Menschen treten sogenannte Lernplateaus auf. Das sind Phasen, in denen der Lernfortschritt stagniert und es anscheinend nicht mehr weitergeht. Lassen Sie sich dadurch nicht beunruhigen. Es geht nach diesen oft nur kurzen Phasen immer wieder aufwärts.

— Lassen Sie sich Zeit, und rechnen Sie nicht von Anfang an mit Superergebnissen. Beginnen Sie langsam, und freuen Sie sich über den täglich größeren Lernerfolg.

— Die Einstimmung — eine wichtige Vorbereitung: Schießen Sie nicht einfach wild drauflos. Ein Instrument muß erst gestimmt werden, bevor man darauf spielt.
Sie haben verschiedene Möglichkeiten der Einstimmung:
Wenn Sie gestreßt und unruhig sind, dann machen Sie ein paar Ausgleichs- und Harmonisierungsübungen. Diese können, je nach Ihrer jeweiligen Verfassung, körperlicher oder geistiger Art sein.

● *Körperliche Aufladungsübungen*

— Machen Sie ein paar tiefe Atemzüge
— Massieren Sie sich die Nackengegend

— Machen Sie ein paar Körperübungen wie Rumpf-
beugen oder tanzen Sie ein paar Minuten

● *Geistige Einstimmungsübungen*
— Hören Sie sich ein paar Minuten Barockmusik an
— Machen Sie eine Entspannungsübung
— Geben Sie sich positive Suggestionen, z.B. »Ich
schaffe es«, »Ich kann es«, »Ich freue mich, Neues
aufzunehmen« etc.

Je überzeugter Sie dies tun und je spezifischer Ihre
selbstgewählten Suggestionen auf Ihre Situation zu-
treffen, desto höher ist ihre Wirkung.

»Um gläubig zu werden, muß man nur eine Weile so
tun, als ob man es schon sei ...«

PASCAL

— Betrachten Sie ein Bild, das auf Sie eine positive Wirkung hat. Schöpfen Sie daraus Kraft.

— Wenn der Kopf heiß ist, dann lüften Sie durch. Reflek-
tieren Sie, was Sie gemacht haben. Lernen Sie aus den
Erfahrungen. Der *Prozeß* der Problemlösung soll im
Vordergrund stehen, nicht das Problem oder dessen
Inhalt oder das Resultat.

Checkliste vor Lernbeginn:

— Machen Sie sich einen Zeitplan mit folgenden Komponenten:

  a) Aussuchen und Aufbereiten des Lernstoffes
  b) Besprechen des Lernbandes
  c) Zeitplan für das eigentliche Lernen unter Berücksichtigung einer Wiederholung nach zwei bis vier Tagen
  d) Zeitaufwand pro Tag

— 2 Cassettenrecorder bereitstellen. Einen für die Musik, einen für die Textcassette.

— Ca. 20 Minuten Barockmusik aufnehmen oder fertige Cassetten verwenden. Eine Musikliste und Bezugsquellennachweis finden Sie im Anhang.

— Für den 8-Sekunden-Takt benötigen Sie eine Uhr, ein Metronome oder eine entsprechende Zeittaktcassette.

— Lernziel und Lerndauer festlegen.

— Lernstoff auswählen.

— Lernstoff aufbereiten. Kurze Sätze oder Worte herausschreiben. 20 Minuten entsprechen 150 solcher Lerneinheiten. Beginnen Sie mit 50 bis 100.

— Lerneinheiten auf Sinnzusammenhänge prüfen und gegebenenfalls ergänzen.

— Spontan Bilder neben die Lerneinheiten zeichnen.

— Aufsprechen der Lerneinheiten auf die Cassette.

— Vor Lernbeginn sollten Sie in der Lage sein, sich zu entspannen. Auch hierfür können Sie sich eigene Cassetten besprechen, aber auch auf fertig gesprochene oder einen Kurs zurückgreifen.

— Zum Abschluß der Vorbereitung überlegen Sie sich Belohnungen für die Zeit unmittelbar nach dem Lernen.

Checkliste während des Lernens:

— Sorgen Sie dafür, daß Sie während der Lernsitzung nicht gestört werden. Stellen Sie das Telefon und die Türklingel ab, bringen Sie ein Schild an Ihrer Tür an o.ä.

— Legen Sie dann Ihren Text bereit und stellen Sie die beiden Cassettenrecorder in erreichbare Nähe.

— Setzen Sie sich ganz bequem hin und schließen Sie die Augen. Entspannen Sie sich und stimmen Sie sich auf das Lernen ein.

— Vergegenwärtigen Sie sich einen früheren Lernerfolg.

— Machen Sie gegebenenfalls eine kleine Fantasiereise, die Sie noch immer mit dem Lerngebiet verbindet.

— Wenn Sie entspannt sind, hören Sie die Textcassette mit oder ohne Musik, während Sie mitlesen. Sie können auch in den Pausen laut nachsprechen. Versuchen Sie nicht, dabei krampfhaft etwas festzuhalten, sondern bleiben Sie ganz entspannt.

— Ohne sich anzuspannen, spulen Sie dann die Cassette wieder an den Anfang zurück.

— Lassen Sie nun bei geschlossenen Augen beide Cassetten laufen und versuchen Sie den Lernstoff möglichst bildhaft vor Ihrem inneren Auge zu sehen. Bleiben Sie dabei vollkommen entspannt und lassen Sie sich von der Musik, Ihrer Stimme und dem angenehmen Gefühl der Entspannung tragen.

— Am Ende der Lernsitzung sorgen Sie dafür, daß Sie wieder ganz wach und frisch sind. Atmen Sie ein paar Mal tief durch, strecken Sie sich und öffnen Sie die Augen.

— Machen Sie gegebenenfalls noch ein paar Übungen oder überprüfen Sie Ihren Lernerfolg.

— Genießen Sie die Belohnung.

Super learning
und mein eigenes
Lerngebiet

7 Die Rolle des Lehrers

Miteinander statt gegeneinander

Superlearning fordert vom Lehrer, daß er zuerst sich selbst ins Auge faßt. Er muß in der Lage sein, sowohl seine Stärken als auch seine Schwächen zu erkennen und zu AKZEPTIEREN. Er braucht die eigenen Unsicherheiten nicht unter einer Fassade von Autorität zu verstecken, sondern kann selbstbewußt und offen zu ihnen stehen. Dadurch, daß er sich dem Schüler als Mensch mit all seinen Fehlern und Schwächen zeigt, schafft er die Grundlage für ein menschlich-freundliches Verhältnis. Der Schüler fühlt sich nicht unterlegen und wird daher nicht ständig Zeit damit verschwenden, die Schwächen des Lehrers aufzuspüren und bloßzustellen.

Der Lehrer kann dem Schüler die Gelegenheit zum Miteinander, nicht Gegeneinander geben. Er sollte ein Gespür für die Bedürfnisse des Schülers entwickeln, die er für den Unterricht nutzen kann. Am besten, er versucht sich immer wieder in die Lage des Schülers zu versetzen.

Die innere Haltung des Lehrers prägt seinen Unterrichtsstil. Vertrauen und Sympathie lösen beim Schüler andere Reaktionen aus als Verachtung und Mißbilligung. Es wird von großem Nutzen sein, wenn Sie als Lehrer erkennen, daß Sie hauptsächlich VORBILD und VERMITTLER sind. Ihre Funktion ist eine helfende, keine zwingende. Sehen Sie sich als Mittelsmann zwischen Ihrem Wissensgebiet und dem Schüler. Es geht nicht darum, etwas durchzusetzen, oder mit aller Gewalt »an den Mann« oder »an die Frau« zu bringen.

Viele Probleme zwischen Lehrer und Schüler entstehen dadurch, daß sich beide als gegenseitige Bedrohung empfinden. Der Lehrer hat meist genausoviel Angst vor dem Schüler wie der Schüler vor ihm.

Superlearning strebt eine leichte und spielerische Beziehung, ein konstruktives Miteinander von Lehrer und Schüler an. Dabei braucht der Lehrer seine natürliche, positive Autorität und eine gewisse Distanz gegenüber dem Schüler nicht aufzugeben. Der Schüler wird Ihnen von ganz alleine Respekt entgegenbringen, wenn Sie ihn verstehen und respektieren.

KÄMPFEN SIE NICHT GEGENEINANDER, SONDERN SPIELEN SIE MITEINANDER.

Folgende Übersicht zeigt Ihnen die unterschiedlichen Funktionen und Wirkungsweisen zwischen dem klassischen und ganzheitlichen Lernen:

»Klassisches« Lernen	»Ganzheitliches« Lernen
rationales Lernen → Kopf (Intellekt) wird gefördert (linke Gehirnhälfte)	Ansprechen von Gefühlen → Intuition wird gefördert (rechte Gehirnhälfte)
Körper und Bewegung werden vernachlässigt oder getrennt vom »Geistigen« (z. B. im Turnen)	Körper und Bewegung, Musik und Rhythmik sind Bestandteile des Lernprozesses. (Tanz, Theater, Rollenspiele)
Trennung zwischen Lehrer, Lernenden und Lernobjekt.	Verschmelzungsprozesse
Der Lehrer ist Fachautorität und achtet auf Fehlerkorrektur. (Rotstift, Tadel, Strafe)	Der Lehrer ist zugleich Mensch und ermutigt und fördert die Persönlichkeit und das Vertrauen des Schülers.
Streß und Leistungsdruck	Entspannte Konzentration
Lernen ist: ein Muß, harte Arbeit, Willenssache	Lernen ist: Freude, Spiel, Erfahrung der eigenen Fähigkeiten.

Wieder wie ein Kind lernen

Eines der wesentlichen Elemente des Superlearning ist der Prozeß der Infantilisierung des Lernenden. Wie schon an anderer Stelle erklärt wurde, geht es darum, im Erwachsenen kindliche Eigenschaften wie Unvoreingenommenheit, Vertrauen, Neugier, Entdeckergeist, Offenheit, Spielfreude, Spontaneität, Unbeschwertheit und Sorglosigkeit gegenüber Fehlern wieder zu wecken.

Kinder besitzen noch die Fähigkeit, voll und ganz, also mit ihrem ganzen Wesen in einer Sache aufzugehen. Sie können die Dinge genießen und sich daran erfreuen, genauso wie sie umgekehrt auch ein stärkeres Empfinden für Schmerz, Wut und Trauer haben und sich nicht genieren, den Tränen freien Lauf zu lassen.

Das ganze Erleben des Kindes ist sehr intensiv. Und ihre sinnliche Wahrnehmungsfähigkeit ist noch stark ausgeprägt. Ihre Fantasie und Vorstellungskraft erscheint unbegrenzt und steht in direktem Zusammenhang mit ihrer Erlebnisfähigkeit.

Die Gesamtheit aller im Laufe eines Lebens gemachten Erfahrungen wirken sich prägend auf die Persönlichkeitsstruktur und Verhaltensmuster eines Menschen aus. Das Kind ist noch in einem sehr geringen Maße konditioniert, es genießt noch »Narrenfreiheit«, seine negativen Erfahrungen beschränken sich auf ein Minimum, und es ist noch unbelastet von gesellschaftlichen Tabus und Zwängen.

Da es noch keine »Bildung« genossen hat, ist es noch sehr offen für alles Neue und Unbekannte und noch nicht mit Meinungen und (Vor-)Urteilen behaftet, die es daran hindern, mit offenem Geist in unbekannte Bereiche vorzudringen und eine neue Erfahrung zu machen. Da es noch wenige gesellschaftliche Sanktionen erleiden mußte, hat es noch keine ausgeprägten Schutz- und Verteidigungsmechanismen entwickelt, die es hindern, sich frei und offenherzig auszudrücken und sich in der Welt zu bewegen. Da noch in jedem Erwachsenen ein Kind mit all diesen Fähigkeiten und Eigenschaften steckt, wird im Superlearning darauf abgezielt, genau dieses Kind im Erwachsenen wieder zum Vorschein zu bringen. Die Mittel, die im Superlearning dafür verwendet werden, sind folgende:

- Verschiedene SPIELE wie Rollenspiele, Theater, Tanz und Bewegung, Ballspiele etc.
- ENTSPANNUNG, wodurch der Lernende locker wird, Ängste verliert und Hemmungen abbauen kann.
- FANTASIEREISEN, wodurch die kindliche Erlebnis- und Gefühlswelt wieder erfahrbar gemacht wird.
- DER LEHRER ALS VORBILD, wodurch dem Lernenden Druck und Angst genommen wird und Unbeschwertheit, Vertrauen und Risikobereitschaft an deren Stelle treten.

In dem Moment, in dem man sich als Lehrer auf Schablonen und Schemata verläßt, geht der Unterricht am Schüler vorbei. Superlearning verlangt vom Lehrer ein neues Bewußtsein dessen, was er tut. Der Lehrer muß ausgeglichen und selbstsicher und um eine echte Kommunikation mit dem Schüler bemüht sein. Das Ergebnis wird ein überdurchschnittlicher Lernerfolg sein.

Daher setzt Superlearning auf seiten des Lehrers voraus, daß er sich frei und offen hält, um so auf Veränderungen eingehen zu können. Der Lehrer soll sich nicht verbergen, sondern vielmehr riskieren, seine Fehler und Schwächen zu zeigen. Dadurch wird er menschlich. Nur so kann ein echter Kontakt zwischen Lehrer und Schüler stattfinden.

Fassen wir noch einmal zusammen: Das Verhältnis von Lehrer und Schüler zueinander bestimmt den Lernprozeß wesentlich. Der zu vermittelnde Stoff steht nicht an erster Stelle. NICHT WAS ICH VERMITTLE, SONDERN WIE ICH ES VERMITTLE steht im Vordergrund.

Das ansprechende Klassenzimmer

Da man alles um sich herum wahrnimmt, wenn auch meist unbewußt, hat die Lernumgebung eine äußerst starke Wirkung auf den Lernprozeß. Unter Lernumgebung ist aber nicht nur die Gestaltung und Einrichtung des Raumes zu verstehen, sondern auch die Sitzordnung, die Kleidung und Wortwahl des Lehrers, das Einsetzen von akustischen und kinesthetischen Mitteln.
Obwohl die Bedeutung jener Elemente in der modernen Pädagogik bekannt ist, wird im Unterricht dennoch kaum darauf eingegangen.
Folgende Beispiele, wie man die Lernumgebung gestalten kann, gelten auch für das Lernen zu Hause. Der Raum oder Ort, an dem man lernt, sollte nicht überladen sein mit Gegenständen oder Bildern, die nichts mit dem Lernstoff zu tun haben. Auch grelle Farben an Boden und Wänden oder gemusterte Tapeten wirken ablenkend und verwirrend. Bilder oder Fotografien sollten in unmittelbarem Zusammenhang mit dem Lernstoff stehen und bei Themawechsel ebenfalls gewechselt werden. Vor allem sollten keine Bilder mit Texten über längere Zeit aufgehängt werden, da der Blick des Lernenden während des Unterrichts immer wieder im Raum umherschweift und durch einen Bildtext gedanklich abgelenkt wird.

Pflanzen und Blumen schaffen eine wohltuende Atmosphäre, ebenso wie die schöne Musik zur Begrüßung vor Unterrichtsbeginn den Lernenden willkommen heißt. Auch die Kleidung des Lehrers kann Willkommen oder Ablehnung, Nähe oder Distanz signalisieren.

Vor allem in der Schule empfiehlt es sich, das nüchterne Wort »Klassenzimmer« durch einen freundlicheren Begriff zu ersetzen. Hierfür können Sie auch Fantasienamen erfinden.

Im Superlearning-Unterricht wird nur selten an Tischen gesessen. Bei den meisten Übungen wirken Tische eher störend und schränken den Bewegungsraum der Schüler ein. Der Weg von einem Tisch der hinteren Reihen bis vor zur Tafel ist sehr weit. Unbewußt vermeidet der Lehrer den hinteren Bereich und widmet sich überwiegend den vorn Sitzenden. Dort sitzen in der Regel die aufmerksamen Schüler, während sich ein Schüler, der nicht gestört werden will, nach hinten setzt.

Wenn der Lehrer selbst hinter einem Tisch sitzt, wird die Distanz zu den Schülern noch vergrößert. Dadurch wird es schwierig, auf die Schüler so einzugehen, wie es im Superlearning angestrebt wird.

Wenn die Schüler im Kreis auf Stühlen sitzen, sind sie leichter und direkter ansprechbar. Auch der Lehrer setzt sich in anderer Weise den Blicken der Schüler aus und signalisiert dadurch, daß er sich nicht über sie stellt. Es gibt keinen Hinter- und Vordermann mehr, und der Weg zu jedem Schüler ist gleichlang. Bei größeren Klassen können Sie zwei etwas verschobene Halbkreise bilden.

Diese Form erfordert auch vom Lehrer anfangs etwas Mut, da er, wie schon erwähnt, ebenfalls mehr im Blickpunkt steht. Sie werden jedoch bald feststellen, daß allein schon die veränderte Form einen wesentlich lebendigeren und direkteren Unterricht zur Folge hat.

Wichtig ist, daß Sie als Lehrer sich nicht ausschließen, sondern am Leben und den Interessen Ihrer Schüler teilnehmen. Das GEGENSEITIGE Verständnis und Vertrauensverhältnis bewirkt ein Miteinanderarbeiten und läßt eine Menge Probleme erst gar nicht entstehen.

Machen Sie hier Ihr Mind Map zu diesem Kapitel (vgl. S. 39 ff.).

Die Rolle des Lehrers

8 Beispiele für weitere Lernbereiche

Die vier Eckpfeiler

Abgesehen von den nun bekannten Komponenten des Superlearning taucht immer wieder die Frage auf, wie man es auf andere Lernbereiche als auf das Sprachenlernen anwendet.

Dieses Kapitel enthält nun Beispiele für die verschiedensten Gebiete, vom Physikunterricht bis zum Skifahren. Es handelt sich dabei um Beispiele, die Ihre Fantasie und Kreativität anregen sollen.
Den gedanklichen Rahmen bilden jeweils folgende vier Fragen.

1. Lernziel
2. Eingeplante oder zur Verfügung stehende Zeit
3. Hinderungsgründe / Problemstellung
4. Positive Punkte / Stärken / Ist-Zustand

Diese vier Faktoren behandeln wir nun im einzelnen.

Lernziel:

Je genauer das Ziel definiert ist, desto leichter ergeben sich die dazu notwendigen Schritte. Es sollten daher bei der Zielsetzung vage Ausdrücke wie »besser«, »schneller«, »leichter« durch konkrete Ziele ersetzt werden. Z.B.: »Ich möchte in Englisch besser werden« wird ersetzt durch »Ich werde am Ende des Schuljahrs eine 3 haben«

oder »In einer Woche beherrsche ich die Vokabeln der Lektion 25«.

Je näher ein Ziel zeitlich liegt und je mehr es mit dem Lernstoff zu tun hat, desto größer ist die Motivation und damit der Lernerfolg. »Ich lerne heute Englisch, weil ich ein gutes Abitur machen möchte, damit ich anschließend Medizin studieren kann und später als Arzt viel Geld verdiene« liegt viel zu weit in der Zukunft und hat auch nichts mit dem Lernstoff »Englisch« zu tun. Wenn wir unsere Ziele so formulieren, dann sind sie für das jetzige Lernen und die Motivation nicht sehr wirksam.

Zunächst ist es wichtig, das zu erkennen, um dann auf die Suche nach zeitlich näherliegenden und stoffabhängigeren Zielen und Motivationen zu gehen. Denn wir leben jetzt im Moment, was immer wir an Plänen für die Zukunft haben. Und wir sollten dafür sorgen, daß wir auch jetzt etwas vom Leben haben.

In diesem Fall heißt das, Freude am Lernen und am Lernerfolg zu finden, unabhängig davon, was es in 10 Jahren vielleicht bringt.

Geplante oder zur Verfügung stehende Zeit

Ist das Lernziel definiert, wird festgelegt, welche Zeit dafür aufgewendet werden soll. Ist die Prüfung in zwei Wochen oder erst in einem Jahr, so ergeben sich daraus automatisch verschiedene Vorgehensweisen. Außerdem ist es sinnvoll, die Lernzeit einzuteilen und sie möglichst genau festzulegen. Damit vermeidet man das schlechte Gewissen, nicht genug getan zu haben.

Bauen Sie aber in Ihren Zeitplan in jedem Fall Freiräume und Pufferzonen ein, denn es gibt immer Situationen, in denen man aus irgendwelchen Gründen nicht gut lernen kann. In solchen Situationen sollten Sie sich daher auch nicht zwingen.

Hinderungsgründe und Problemstellung

Es gibt immer wieder Gründe, die ein erfolgreiches Lernen behindern. Das sind beispielsweise Einstellungen (wie man sich selbst sieht), Gefühle wie Ängste und Blockaden, Zwänge, Konzentrationsschwierigkeiten, Schwierigkeiten mit dem Lehrer, der Klasse.

Es ist daher sehr wichtig, sich einmal in Ruhe mit der Frage zu beschäftigen »Was hindert mich am freudigen Umgang mit diesem Lernstoff?« Das ist deshalb von besonderer Bedeutung, da solche Hinderungsgründe oft gar nichts mit dem Stoff zu tun haben.

Dazu gibt es ein merkwürdiges Fallbeispiel: Ein Schüler ist trotz vieler Bemühungen seitens des Lehrers nicht in der Lage, Worte und Sätze an der Tafel zu lesen, ohne zu stottern oder Silben zu vertauschen. Der Schüler wird immer unsicherer und beginnt an sich zu zweifeln. Auch der Lehrer beginnt zu glauben, daß er es mit einem hoffnungslosen Fall zu tun hat, bis sich bei einer Untersuchung herausstellt, daß der Schüler schlecht sieht. Er bekommt eine Brille und hat ab sofort keinerlei Schwierigkeiten mehr.

Dieses etwas extreme Beispiel soll verdeutlichen, daß man weitgehend Klarheit über die wirklichen Hinderungsgründe haben sollte, bevor man sich einem Lerngebiet widmet. Denn oft ist eine scheinbar nebensächliche Kleinigkeit ausschlaggebend dafür, daß wir Dinge von uns behaupten wie »Ich bin nicht sprachbegabt« oder »Ich bin technisch unbegabt«, die nicht mit der Realität übereinstimmen.

Positive Punkte / Stärken / Ist-Zustand

»Die Not zur Tugend machen« sagt man im Volksmund. Ist das Problem erkannt, heißt das nicht immer, daß es verschwindet oder leicht zu beseitigen wäre. Ein wirksames Mittel, um die Kraft des Hinderungsgrundes zu vermindern, ist die Verknüpfung mit einer oder mehreren Stärken.

Zunächst beginnt man damit, seine Stärken im betreffenden Lerngebiet zu suchen. Als nächstes vergegenwärtigt man sich seine allgemeinen Stärken und verknüpft diese mit dem Lerngebiet. Soll man zum Beispiel Geschichte lernen, interessiert sich aber für Sport, so kann man etwa über die Sportler in der Geschichte einen Einstieg finden. Sie sollten beim Suchen solcher Verknüpfungen Ihrer Fantasie freien Lauf lassen und auch bei scheinbar unsinnigen Ideen ganz auf Ihr Gefühl vertrauen.

Die folgenden Beispiele sind abwechselnd aus der Sicht eines Schülers oder eines Lehrers beschrieben. Da die Voraussetzungen für den Lösungsansatz von Person zu Person unterschiedlich sind, können sie nicht mehr als Anregungen sein. Lesen Sie auch diejenigen, die Sie nicht betreffen oder interessieren. Als Lehrer sollten Sie auch die des Schülers lesen und umgekehrt. Es wird Ihnen helfen, auch an Ihr Lerngebiet, das hier möglicherweise nicht behandelt wird, mit einer neuen Einstellung und Sichtweise heranzugehen.

Machen Sie hier Ihr Mind Map zu diesem Kapitel (vgl. S. 39 ff.).

Lernbeispiel Physik

Obwohl im Physikunterricht häufig mit Versuchen und Demonstrationen gearbeitet wird und somit mehr die Sinne angesprochen werden, haben viele Schüler erhebliche Schwierigkeiten mit diesem Fach.

Auch der sympathische Physiklehrer Herbert Th., der sein Fach liebt und zudem in der Freizeit ab und zu mit seinen Schülern zusammen ist und ihnen hilft (positive Punkte), fragt sich: »Woran liegen diese Schwierigkeiten und was könnte ich dagegen tun?«

Er will einen Weg finden, um im kommenden Schuljahr (Zeit) keinen Schüler mehr in seiner Klasse zu haben, der eine schlechtere Note als 4 hat (Ziel).

Er weiß, daß der bisherige Weg trotz seiner Bemühungen nicht den gewünschten Erfolg hatte. Es gab immer Schüler, bei denen er nicht mehr weiter wußte. Er konnte einfach nicht verstehen, warum sie nicht verstanden. Es war ihm rätselhaft, wie man sich für so ein faszinierendes Gebiet nicht interessieren konnte (Problemstellung).

Da er seine Schüler auch außerhalb des Unterrichts kannte und somit etwas über ihre Wünsche, Interessen und Gefühle wußte, begann er, sich noch mal in seine eigene Jugend zu versetzen und sich am Beispiel eines eigenen Problemfaches zu vergegenwärtigen, wie das ist, wenn man nichts versteht.

Damit war er in der Lage, wesentlich mehr Verständnis für seine »nicht verstehenden« Schüler aufzubringen und mehr auf die dabei auftretenden negativen Gefühle und Blockaden einzugehen. Er begann, Entspannungsübungen einzusetzen, ließ gelegentlich Musik laufen oder machte Auflockerungsspiele.

Als nächstes wurde ihm deutlich, daß der Schüler zu den Lerninhalten oft keinerlei Bezug hat. So weltbewegend eine Erfindung gewesen sein mag — z.B. das Radio —, so selbstverständlich ist sie doch für den Schüler geworden. Er fragt nicht mehr nach dem »Wie« oder »Warum«.

So suchte er nach Anknüpfungspunkten im Interessenbereich der Schüler. Er ließ zum Beispiel einen Schüler mit seinen Worten erklären, wie er sein Mofa repariert. Gleichzeitig begann er mit Hilfe der Schüler immer intensiver nach Fragestellungen zu suchen, die mit ihrem jetzigen Leben zu tun hatten und in den Bereich der Physik fielen. Bisher fremde Formeln bekamen dadurch plötzlich eine lebendigere Bedeutung. Denn sie wurden zu vereinfachten, in Zahlen ausgedrückten Antworten auf diese Fragen des Alltags.

Dann begann er, auch die Fragen, die sich Erfinder gestellt haben, mit Leben zu füllen. Mit Hilfe von Fantasiereisen versetzte er die Schüler zurück in die Zeit, als dieses Problem bzw. die Antwort auf eine bestimmte Frage von ganz besonderer Bedeutung war, wie etwa das elektrische Licht oder der Verbrennungsmotor.

Eine noch größere Identifikation erreichte er damit, daß er die Schüler zu Beginn des Schuljahres aufforderte, sich einen neuen Namen zuzulegen. Und zwar ausgewählt aus den von ihm vorgeschlagenen Namen bedeutender und berühmter Physiker wie Einstein, Newton und anderen. Damit erreichte er einen Identitätswechsel in eine Person, die bestimmt keine Schwierigkeiten mit dem physikalischen Verständnis hatte, gleichzeitig aber auch ohne Angst mal was Falsches sagen durfte.

Bald begannen die Schüler, diese Identität anzunehmen und sich mit der Biographie ihres Physikers zu beschäftigen und sich mit deren Fähigkeiten und Eigenarten vertraut zu machen. Im Unterricht führte das zu lustigen Rollenspielen und anregenden Podiumsdiskussionen zum Teil zwischen Physikern aus verschiedenen Jahrhunderten.

Sein Ziel hatte der Lehrer erreicht und gleichzeitig wesentlich mehr Spaß am Unterricht. Nicht nur er, auch seine Schüler hatten immer mehr Ideen, was man noch alles machen könnte. Die einzigen Probleme, die Herbert Th. dabei noch hatte, war einerseits die Tatsache, daß es zu wenige weibliche Berühmtheiten unter den Physikern gab, und andererseits seine Kollegen, die ihn nun für total verrückt hielten.

Lernbeispiel Geschichte

Das Fach Geschichte könnte äußerst interessant gestaltet werden. Schließlich handelt es sich dabei um Menschen (unsere Vorfahren), deren Denken und Handeln. Sie hatten Wünsche, Fantasien, Vorstellungen, Ziele, Pläne und Absichten, die zusammengenommen zum Verlauf der Geschichte führten. Und wir selbst führen diese Geschichte jeden Tag ein Stück weiter.

Jeder hat seine persönliche Geschichte, die verwoben mit derjenigen anderer Menschen die Gesamtheit der menschlichen Geschichte bildet.

Nehmen Sie z. B. einen Ihrer Wünsche. Er führt Sie zu gewissen Handlungen und schließlich zum Ziel — oder auch nicht. Diese Wünsche, so unterschiedlich sie sein mögen, haben viele Gemeinsamkeiten mit denen unserer Vorfahren. Hinter diesen Wünschen steht immer das Bestreben, weiterzukommen, die eigene Situation zu verbessern und letztendlich das Streben nach Glück.

So gesehen ist die Geschichte eine Abfolge der Handlungen von Menschen, aus der wir Aufschluß über unser eigenes Streben bekommen und das uns helfen kann, beim Erreichen unserer Ziele Fehler zu vermeiden.

Die Frage, warum oft aus Fehlern nicht gelernt wurde, betrifft ebenfalls nicht nur die Geschichte, sondern auch den eigenen Erfahrungsbereich. Diese Frage führt zwangsläufig zu einer intensiven Beschäftigung und möglichen Identifikation mit den verschiedenen Menschen der Vergangenheit.

Eine weitere Überlegung zu diesem lebendigen und aktuellen Fach ist die Frage, wie sich vom Geschichtsstoff eine Brücke zu anderen Lerngebieten schlagen läßt. Jedes Gebiet hat seine eigene Geschichte, die im Zusammenhang mit der gesamten Historie steht. Hinter jedem Lernstoff stehen Menschen mit ihren Wünschen, Träumen, Zielen, Absichten und Plänen.

Wenn man dagegen den herkömmlichen Geschichtsunterricht betrachtet, so steht dieses Fach mehr oder weniger auf dem Abstellgleis als Nebenfach für Schüler und Lehrer. Das sture Pauken von Zahlen, Daten, Fakten und Namen unterstützt dabei die Abneigung gegen dieses Stoffgebiet.
Wo bleiben die Menschen mit ihren Wünschen, ihrer Begeisterung, ihren Schwächen und ihrer Enttäuschung? Hat nicht auch ein König menschliche Seiten, ist er nicht einmal unglücklich verliebt gewesen, kann er nicht weinen und lachen? Er besteht doch nicht nur aus einem Namen, einer Jahreszahl und einigen Handlungen. Dieser Eindruck wird jedoch durch die übliche Darbietung des Geschichtsstoffes erweckt.

Ein weiterer wesentlicher Faktor der Geschichte ist die Beschäftigung mit den unterschiedlichen Denkweisen und Gefühlswelten verschiedener Völker, die sich auch heute noch verständnislos und somit oft feindselig gegenüberstehen. Geschichte ist also bei weitem kein schlichtes

Aneinanderreihen von Daten und Ereignissen, sondern ein äußerst komplexes und vielschichtiges Gebiet.

Die Geschichtslehrerin Kathrin P. war unzufrieden mit der mangelnden Bedeutung, die ihrem Fach beigemessen wurde, mit den wenigen Schulstunden, dem dauernden Wechsel der Klassen und dem allgemein niedrigen Interesse (Problemstellung/Zeit).
Durch die Beschäftigung mit Superlearning hatte sie die Idee, die ganze Geschichte zunächst ganzheitlich in einem Bild darzustellen, bevor sie Einzelbilder herausgriff. Dann versuchte sie, einen direkten Bezug, eine Art Brücke vom Geschichtsstoff zur persönlichen Situation ihrer Schüler zu schlagen. Sie entschloß sich, ihren zukünftigen Unterricht anhand der drei folgenden Fragen aufzubauen:

1. Was können wir aus der Geschichte für uns persönlich lernen?
2. Wie nützt uns die Geschichte für ein besseres Verstehen anderer Lerngebiete?
3. Wie läßt sich die Betrachtung der unterschiedlichen Denkweisen verschiedener Völker und Kulturen auf unsere täglichen, persönlichen Mißverständnisse übertragen?

Sie begann, innerhalb einer Unterrichtsstunde einen sogenannten Völkerstammbaum vom Steinzeitmenschen bis hin zur heutigen Zeit auf ein großes Plakat zu malen. Durch dieses bunte Bild hatten die Schüler die gesamte Geschichte mit Zusammenhängen, Abfolgen und Querverbindungen vor Augen. Sie waren sichtlich beeindruckt zu sehen, was unserem heutigen Dasein alles vorausging. Mit Hilfe dieses Bildes wußten sie auch später immer genau, wo in der Geschichte sie sich gerade befanden.
Kathrin P. erkannte weiter, daß Fantasiereisen in verschiedener Hinsicht geradezu ideal geeignet sind, um Ge-

schichte zu erleben. Zum einen konnte sie damit ihre Schüler an jeden beliebigen Ort in der Vergangenheit führen und sie regelrecht am Geschehen teilnehmen lassen. Zum anderen konnte sie so auch eine neue Identifikation bewirken. Zum Beispiel als Hausaufgabe: »Stellt euch vor, ihr seid im Mittelalter der König Soundso.« Es folgt eine kurze Beschreibung der Situation und Lebensumstände. »Wie hättet ihr euch an seiner Stelle verhalten?« Im Moment, wo die Schüler die Identität der anderen Person angenommen hatten, waren sie persönlich betroffen und beschäftigten sich automatisch mit den Umständen, die auf sie bzw. den König Soundso einwirkten.

In der nächsten Stunde war großes Interesse vorhanden, zu erfahren, wie dieser König tatsächlich gehandelt hatte. Die meisten Schüler hätten anders gehandelt, was zu sehr interessanten Diskussionen über die unterschiedlichen Beweggründe führte.

Kathrin P. baute ihre Fantasiereisen außerdem auf lustige Art und Weise auf: »Stellt euch vor, wie es gewesen wäre, wenn die Menschen in Athen 500 vor Christi Autos, Radio oder Telefon gehabt hätten.«

Da die Geschichte menschlich und damit oft unlogisch ist, waren ihrer Fantasie beim Entwickeln solcher Reisen keine Grenzen gesetzt.

Sehr beliebt waren auch die Rollenspiele, in welchen sich z.B. verschiedene Könige einer Zeit an einen Tisch setzen und versuchen, in Form einer Diskussion ihre Interessen und Ziele durchzusetzen. Dabei wurden wichtige Daten und Fakten unmerklich von Kathrin P. mit eingeflochten.

Vor allem anfangs suchte sie sich viele Ideen für die Fantasiereisen aus Geschichtsromanen oder Spielfilmen. Ein Film wie »Das Boot« kann viele Ansatzpunkte für den Geschichtsunterricht, aber auch für den Physik- und Sprachunterricht liefern. Durch das anfangs erstellte Bild des Völkerstammbaumes war es ihr ohne weiteres möglich, aus aktuellem Anlaß Sprünge in der Geschichte zu machen, ohne die Schüler dadurch zu verwirren.

Ebenfalls mit Hilfe dieses Bildes, das sie im Laufe des Unterrichts — wie aus dem Mind Mapping bekannt — immer mehr erweiterte, war sie auch in der Lage, die entsprechenden Daten zu vermitteln.
Um die Merkfähigkeit zu erhöhen, trug sie diese regelmäßig zu langsamer Barockmusik vor, während die Schüler entspannt und mit geschlossenen Augen zuhörten.

Nach einiger Zeit war ihr Geschichtsunterricht so spannend und aufregend wie ein Abenteuerfilm, und die Schüler versäumten keine Stunde mehr.

Lernbeispiel Mathematik

Aus unerklärlichen Gründen geht man davon aus, daß man Mathematik entweder kann oder nicht kann. Wie sonst nur in wenig anderen Fächern scheint es ein unge-

schriebenes Gesetz zu sein, das sich selbst durch einen Lehrerwechsel kaum ändert. Um aber wissen zu können, ob man in einem Fach begabt oder unbegabt ist, sollte man zuerst einmal herausfinden, was dieses Fach überhaupt ist. Die Frage: »Was ist Mathematik?« wird jedoch nicht gestellt.

Mathematik ist zumindest in der Schule zu einem losgelösten Fach geworden, das in keinerlei Zusammenhang zu anderen Gebieten mehr steht. Dabei war die Mathematik in Griechenland um 500 vor Christus eine äußerst lebendige Wissenschaft, die eng mit Philosophie, Musik und Astronomie verbunden war. Sie brachte wesentliche Erkenntnisse für das alltägliche Leben hervor.

Unabhängig aber von der Geschichte der Mathematik ist es deren Eindeutigkeit und Logik, die es dem einen schwer und dem anderen leicht machen. Wichtige Faktoren sind das lineare und systematische »Eins-nach-dem-anderen«-Vorgehen, das Hantieren mit meist abstrakten Zahlen und die eindeutigen Lösungen, über die man nicht diskutieren kann.

Überschäumende Fantasie und Kreativität sind fehl am Platz.

Man kann beobachten, daß Schüler, die gute und fantasievolle Aufsätze schreiben, oft Schwierigkeiten mit der Mathematik haben. Dabei könnte ihnen die Mathematik gute Dienste leisten, um ihrer Fantasie durch mehr Systematik zu noch mehr Klarheit zu verhelfen.

Die Beschäftigung mit Mathematik kann auch bei alltäglichen Problemen eine wertvolle Hilfe bieten, da wir lernen, Dinge systematisch in ihre Bestandteile zu zerlegen. Das widerspricht keinesfalls der ganzheitlichen Vorgehensweise beim Superlearning. Superlearning fördert zwar die Fähigkeiten unserer rechten, intuitiven Gehirnhälfte, das bedeutet jedoch nicht, daß dadurch die linke

Gehirnhemisphäre automatisch abgewertet wird. Logik und lineare Vorgehensweise ist immer dann von Bedeutung, wenn es gilt, sich nicht diffusen Emotionen hinzugeben.

Im folgenden Beispiel zeigen wir, wie Beate H., eine hervorragende Deutschschülerin, mit ihrem Problemfach Mathematik umging. Sie hatte Schwierigkeiten mit abstrakten Zahlen, vergaß immer wieder Rechenschritte und konnte sich nicht konzentrieren (Problemstellung). Ihre neue und sehr nette Mathematiklehrerin wurde der Anlaß, es nochmals zu versuchen, hinter das »Geheimnis« der Mathematik zu kommen und zwar anhand der Textaufgaben, die gerade im Unterricht durchgenommen wurden (Lernziel/Lernzeit). Trotz ihrer Fantasie und einem ausgeprägten bildhaften Vorstellungsvermögen (Positive Punkte) waren ihr diese Aufgaben ein Buch mit sieben Siegeln.

Mit der Unterstützung ihrer Lehrerin, die sich selbst schon mit Superlearning beschäftigt hatte, ging sie folgendermaßen vor:

Parallel zu regelmäßigen Entspannungsübungen mit dem Ziel, ihre Konzentrationsfähigkeit zu erhöhen, begann sie, die Textaufgaben umzuformulieren. Sie stellte sich die Szene vor und erweiterte sie so lange, bis ihr die einzelnen Punkte klar vor Augen lagen. Dadurch hatte sie den komplizierten Zahlensalat mit den eingebauten Fallen und Verwirrungen so auseinandergezogen, daß jetzt ein klares Bild der Aufgabe vor ihr lag. Bevor sie nun an das systematische Ausrechnen ging, stellte sie sich vor, wie das Ergebnis aussehen könnte. Das wiederum half ihr bei der Richtung ihrer Vorgehensweise.

Als nächstes sprach sie sich die Aufgabenstellung und die genauen Lösungsschritte verschiedener Textaufgaben auf Cassette. Dadurch gewöhnte sie sich immer mehr an das schrittweise Vorgehen und machte immer weniger Leichtsinnsfehler durch Überspringen oder Auslassen von Rechenschritten.

Inspiriert durch ihren Erfolg und den veränderten Unterricht begann sie, jeder Aufgabe oder Formel einen praktischen und bildhaften Bezugsgrund zu geben. Dazu benutzte sie sowohl Szenen aus dem alltäglichen Leben, wo diese Formel Anwendung finden könnte, als auch die spannende Betrachtung der Gedankengeschichte.

Durch Fantasiereisen, die diese vergangene Zeit nochmals aufleben ließen, bekam sie mehr und mehr Zugang zu dem einstmals als zu abstrakt empfundenen Fach. Bald konnte sie zumindest gefühlsmäßig erkennen, was Mathematik ist und warum sie sinnvoll ist. Damit hatte sie einen wesentlichen Schritt getan, ihre Einstellung zu verändern. Anstelle sich für dieses Fach als »zu dumm« zu erklären, was zu Blockaden und diffusen Ängsten führte, stand nun eine interessierte Offenheit, die zu einem eher spielerischen und fantasievollen Umgang mit der Mathematik führte.

WAS IST EIGENTLICH EINE ZAHL?

Den Hintergrund für diese Frage liefert eine Geschichte, die vor kurzem ein Schüler erzählte.

Er hatte ein ausgeprägtes bildhaftes Vorstellungsvermögen und war in der Lage, Zahlen automatisch mit Bildern und Gefühlen zu verbinden. Er sollte eine einfache Additionsaufgabe in vier Variationen lösen: Uhrzeit, Tageszeit, Alter und abstrakt. Das Merkwürdige daran war, daß ihm nicht bewußte Assoziationen in einem Fall das Rechnen erleichterten, im anderen dagegen erschwerten.

Er malte folgende Bilder, in welchen die Zahlen in verschiedenen Zusammenhängen dargestellt waren:

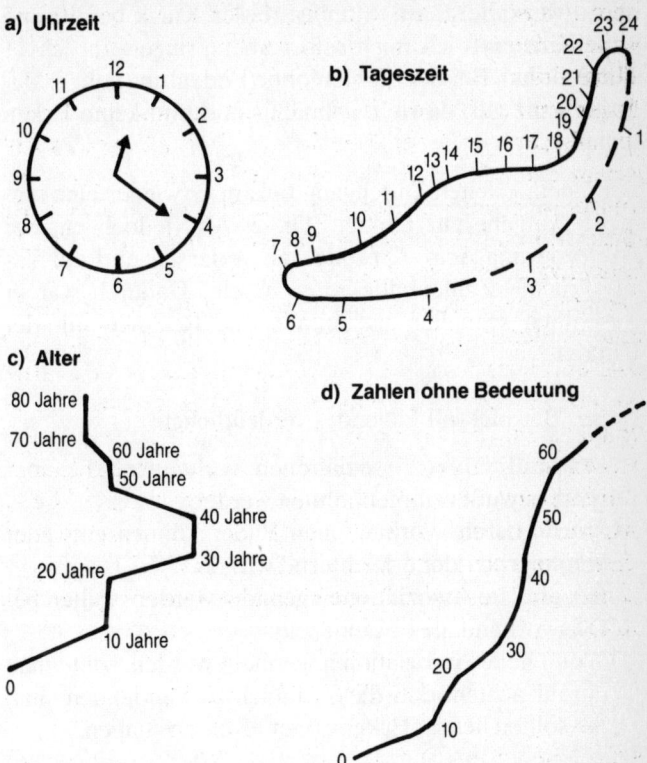

a) Uhrzeit

b) Tageszeit

c) Alter

d) Zahlen ohne Bedeutung

Die Schnelligkeit beim Lösen der Aufgabe 8 + wieviel = 17 war je nach Assoziation unterschiedlich:

— sehr langsam bei der Uhrzeit
— langsam bei der Tageszeit
— mittel beim Alter
— schnell bei Zahlen ohne Bedeutung

Auf die Frage, was er meine, woran das wohl liegt, gab er folgende Antwort: »Bei der Uhr muß ich im Kreis denken, bei der Tageszeit behindern mich die unterschiedlichen Abstände. Beim Alter ist dieser Knick bei 10 und außerdem muß ich mich selbst überspringen, da ich 11 Jahre alt bin. Bei den Zahlen ohne Bedeutung geht es dagegen ganz gut, da sie regelmäßig sind und keine Ecken haben.«

Bei einem zweiten Durchgang bekam er wieder eine einfache Aufgabe zur Uhrzeit. Dieses Mal jedoch mit der Aufforderung, sein »Uhrbild« zu verlassen und auf das »allgemeine Zahlenbild« zu wechseln. Dadurch war er wesentlich schneller als beim ersten Rechnen mit der Uhrzeit.

Dieses Beispiel soll folgendes verdeutlichen:

1. Oft sind schon Assoziationen vorhanden, die aber nicht bewußt wahrgenommen werden.
2. Solche bereits vorhandenen Bilder können entweder behindernd oder erleichternd wirken.
3. Bevor neue Assoziationen gebildet werden, sollten bereits vorhandene bekannt sein.
4. Wenn neue Assoziationen gebildet werden, sollte man darauf achten, daß diese einfach zu handhaben sind. Sie sollten keine »Ecken« oder »Kanten« haben.

Lernbeispiel Medizin

Das Medizinstudium zeichnet sich unter anderem dadurch aus, daß große Stoffmengen gelernt werden müssen. Gerade für die Multiple-Choice Prüfungen ist ein genaues Wissen von Daten und Fakten notwendig. Hierfür kann das Besprechen eigener Superlearning-Cassetten eine große Hilfe sein, wie der folgende Ausschnitt aus einem Brief zeigt:

»Als ich vor zwei Monaten begann, mich intensiv auf mein Staatsexamen vorzubereiten, habe ich an eine derartige Effizienz der Methode nicht geglaubt. Meine Erwartungen wurden jedoch bei weitem übertroffen und entsprechen einem Ergebnis von 88,3% im schriftlichen Teil des dritten Abschnitts der ärztlichen Prüfung.«

Hierfür hatte er lediglich Cassetten mit dem Lernstoff besprochen und diese zusammen mit Musik immer wieder angehört.

Wir möchten am Beispiel des Fachs Anatomie aber auch noch zeigen, wie man mit etwas komplexeren Bereichen umgehen kann.

Unser Medizinstudent Klaus G. hat bereits Erfahrung mit eigenen Cassetten und Superlearning. Er kann sich gut entspannen und hat keine Schwierigkeiten mehr, sich Dinge bildhaft vorzustellen (Positive Punkte).

Für das Lerngebiet Anatomie (Lernziel) reicht es ihm jedoch nicht, lediglich alle Namen und Fakten zu wissen. Er

kann sie sich zwar merken, aber nicht ohne weiteres in bezug zum Aussehen des jeweiligen Körperteils setzen. Es ist auch nicht sinnvoll, diese gesondert zu betrachten, da sie in vielerlei Zusammenhängen stehen (Problemstellung).

Die Prüfung in diesem Fach ist frühestens in einem Jahr, und er beschließt, sich viel Zeit für diesen wichtigen Bereich zu nehmen.

Klaus beginnt, sich Fantasiereisen durch den Körper zu überlegen und den Wissensstoff darin einzubauen. Dazu beschäftigt er sich intensiv mit dem Aussehen der Bereiche. Er betrachtet Fotos und Bilder und schreibt den zu lernenden Stoff auf.

Er legt die Reisen so an, daß er dabei in der Vorstellung in seinem eigenen Körper umherwandert. Sein Geist ist dabei in der Lage, in die kleinsten Teile wie etwa eine Zelle hineinzuschlüpfen und sie in aller Ausführlichkeit zu betrachten.

Das Entwickeln dieser Reisen macht ihm zunehmend mehr Spaß und seine Fantasie wird immer mehr angeregt. So bereitet er sich bei der Reise in die Lunge auf den starken Wind dort vor. Der Magen ist nicht ohne Atemgerät zu betreten, während er für die Erforschung der Blutbahnen ein Kanu verwendet.

Bei allen diesen Reisen wird der Lernstoff mit dem Ort, wo er sich gerade befindet, verknüpft. Auf manche Reisen nimmt er sich auch einen Führer mit, der ihm alles zeigt und genau erklärt. Nachdem er die Reisen schriftlich formuliert hat, spricht Klaus sie auf Cassette. Diese hört er dann später zusammen mit langsamer Barock- oder Synthesizermusik wieder an.

Da es sich um eine Reise durch den eigenen Körper handelt, sozusagen hautnah erlebt und empfunden wird, angefangen bei Bildern über Gerüche und Geräusche bis hin zu Gefühlen.

Wenn Sie es ausprobieren möchten, dann sollten Sie nur Reisen durch einen gesunden Körper machen. Für Krankheitsbilder wählen Sie einen Ihnen unbekannten Körper. Denn durch die bekannte Kraft unserer Vorstellung besteht sonst die Gefahr, daß man sich selbst in die Krankheiten hineinfantasiert und womöglich die dazugehörigen Symptome entwickelt.

Lernbeispiel Jura

Das Studium der Rechtswissenschaften zeichnet sich durch einige Eigenarten aus, die es vor allem den Studienanfängern schwer machen, einen sogenannten »roten Faden« zu finden. Zum einen sollen eine Menge Daten, Fakten und Gesetzestexte gelernt werden, zum anderen Zusammenhänge erkannt bzw. gebildet werden. Außerdem

ist der gesamte Lernstoff durch Hinzufügung von neuen Kommentaren, Urteilen und Gesetzen ständigen Änderungen unterworfen.

Erschwerend kommt hinzu, daß es relativ wenig Prüfungen gibt und diese sich dann zum Ende des Studiums häufen. Dies führt dazu, daß man sich die Arbeit nicht einteilt. Am Ende sieht man sich dann einer nahezu erdrückenden Stofffülle gegenüber, was in der Regel zum Besuch beim »Pauker« führt.

Unser Student Thomas K. wollte das vermeiden, da er früh gewarnt worden war. Er wollte aber gleichzeitig sein Studentenleben genießen und sich nicht überarbeiten (Positive Punkte). Er begann damit, sein Lernziel (Ziel) und seine Studienzeit (Zeit) festzulegen und sich selbst einen roten Faden zu schaffen. Mit Hilfe des Vorlesungsverzeichnisses und einigen Gesprächen mit älteren Kommilitonen malte er sich auf ein großes Plakat ein Bild, das alle größeren Studienbereiche enthielt. Beginnend in der Mitte, wo das Wort »Jura« stand, arbeitete er sich mit Linien und Begriffen nach außen, zog Verbindungslinien, wo es Zusammenhänge oder übergreifende Stoffgebiete gab.

Damit hatte er auf einen Blick sein ganzes Studium vor sich und wußte immer genau, wo er sich gerade befand, wofür das momentane Lerngebiet stand und wo es hinführte.

Wenn neue Lerngebiete dazukamen, folgte ein neues Bild. Mit der Zeit lernte er, diese so zu verfeinern, daß er selbst »Fälle« und die dazugehörenden Gesetze in Form solcher Bilder aufzeichnete.

In dieser Form war es ihm möglich, dem abstrakten und schwer erlernbaren Hintereinander ein zusammenhängendes Bild zuzuordnen. Er konnte, beginnend mit seinem ersten und größten Bild, über die folgenden Bilder immer mehr ins Detail gehen, ohne sich in der Stoffülle zu verlieren.

Für das Lernen von Daten und Gesetzestexten verwendete er die bekannten Komponenten des Superlearning und machte sich eigene Bänder. Auch dabei achtete Thomas darauf, daß die Reihenfolge immer ein Bild ergab. Gerade in den feinen Verästelungen seiner Baumkrone versuchte er, den Bildern möglichst viel Leben zu geben. Gab es einen Fall X, so ließ er diesen Fall mit all seinen Komponenten vor seinem inneren Auge aufleben. Die dazugehörenden Gesetzestexte sprach er sich wie in einer wirklichen Gerichtsverhandlung auf Band. In einer Prüfung ließ er diese Szene wieder aufleben, und die dazugehörigen Fakten waren präsent.

Selbst sehr komplexe Zusammenhänge konnte er sich durch das Entwickeln und spätere wieder Abrufen von spannenden Geschichten leicht merken. Nebenbei wurde aus ihm auch noch ein ganz passabler Krimiautor.

Da er sich durch diese Arbeitsweise zunehmend für Hintergründe interessierte, begann er, sich nach dem Sinn der Gesetze und deren Logik zu fragen. Er stellte dabei fest, daß manche eindeutig und logisch waren, andere dagegen wieder unterschiedlich auslegbar und fraglich. Einige erschienen ihm sogar völlig sinnlos.

Durch diese Identifikation mit der Geschichte, mit Situationen und Personen, die Anlaß zu Gesetzen waren, wurde er selbst zu einem lebendigen Teil dieser Materie. Die eigene Entscheidung »richtig oder falsch«, »logisch oder unlogisch« führte dazu, daß er beim Entwickeln seiner Bilder immer eine Position darin einnehmen konnte. Damit bildete sein eigenes Empfinden, seine eigene Meinung schon einen Teil des Lernstoffes, der daher leichter zu merken war. Denn trotz der zunehmend größeren Zahl von Gesetzen bleiben es doch letztlich in vielen Fällen

Menschen, die entscheiden, und je früher sie beginnen, ihr eigenes Rechtsempfinden zu entwickeln und mit dem anderer zu vergleichen, desto unabhängiger werden sie von eigenen menschlichen Schwächen und somit »gerechter«.

Lernbeispiel Computerbedienung

In unserer Zeit sind Computer zu einem Bestandteil des Lebens geworden. Sie begegnen uns fast überall, und meist stehen wir ihnen mit mehr oder weniger gemischten Gefühlen gegenüber.

Da gibt es die absoluten »Insider«, die »Computer-Freaks«, deren Begeisterung und Fachkenntnis für einen »normalen« Menschen fast unbegreiflich ist. Die meisten von diesen Spezialisten geschriebenen Computer-Bedienungsanleitungen, Handbücher und Fachbücher, sind für den Laien oft schwer verständlich.

Ebenso einseitig ist die Orientierung der »Computer-Gegner«. In den USA werben beispielsweise bereits Privatschulen damit, keine Computer mehr einzusetzen. Hier spielen Emotionen eine wichtige Rolle, die Angst etwa, daß der Computer den Menschen ersetzen und kontrollieren könne. Manche halten den Computer für das Symbol eines unbegrenzten, blinden Strebens nach technischem Fortschritt.

Zwischen diesen beiden Gruppen sind all diejenigen Menschen angesiedelt, die am Arbeitsplatz, in der Schule oder während der Umschulung und Weiterbildung mit einem Computer konfrontiert werden. Das meist nur oberflächliche Verstehen der Funktionsweise eines Computers führt dabei oft zu negativen Einstellungen. Der Computer wird zu etwas Übermenschlichem, dem man sich hilflos ausgeliefert fühlt. Das natürliche Selbstwertgefühl und Selbstvertrauen kann dadurch belastet werden. Dieses Problem kennen nicht nur Lehrer, die von den »Computer-Freaks« unter ihren Schülern nicht mehr ernst genommen werden. In den USA geht es so weit, daß Kinder die Autorität ihrer computer-ungebildeten Eltern nicht mehr anerkennen.
Die Beschäftigung mit dem Computer rührt daher oft aus einer von Ängsten und Zweifeln begleiteten Notwendigkeit, nicht aber aus wirklichem Interesse an der Sache her.

Der EDV-Lehrer Detlef S. unterrichtet regelmäßig vom Arbeitsamt geförderte Umschulungskurse. Hier hat er es nicht nur mit Anfängern auf diesem Gebiet zu tun. Erschwerend kommt meist noch eine relativ niedrige Motivation und vor allem bei Frauen recht große Widerstände gegenüber der EDV hinzu (Problemstellung).
Er beschloß daher, beim nächsten Kurs anders vorzugehen, um diese Widerstände abzubauen und damit ein

Lernen überhaupt zu ermöglichen (Lernziel). Dafür hat er in seinem letzten Kurs alle Fragen seiner Schüler notiert, um sich besser in deren Situation und Denkweise versetzen zu können. Nicht 0 und 1 oder Bit oder Byte stehen am Anfang des Kurses, sondern die unglaubliche »Dummheit und Schnelligkeit« des Computers im Vergleich zu unserem menschlichen Gehirn.

Er erklärt das sehr plastisch: »Der Computer ist ein Produkt des Menschen. Er kann nur das tun, was man ihm sagt bzw. wie man ihn füttert. Da der Mensch aber bis heute relativ wenig über die komplexen Abläufe in seinem Gehirn weiß, kann er auch nur das Wenige an den Computer weitergeben. Was Sie als Laie nun verblüfft, ist, wieviel ein Computer mit dem Wenigen anfangen kann. Das liegt im wesentlichen an seiner ungeheuren Schnelligkeit und seinem absoluten Gedächtnis. Der Computer vergißt nichts, was man ihm sagt, er denkt sich aber auch nicht ›seinen Teil‹ dazu.«

Anhand von Beispielen und Fantasiereisen in das Innere des Computers demonstriert Detlef S. dessen Aufbau. Er verdeutlicht, daß Computer-Sprachen notwendig sind, um mit der Maschine zu kommunizieren. »Wäre er so intelligent wie viele glauben, müßte er doch ohne weiteres unsere eigene Sprache verstehen.«

Damit erhöht er das Selbstwertgefühl der Schüler, und sie bekommen das Gefühl, daß sie etwas mit dem Computer machen, und nicht umgekehrt.

Die mit der Funktionsweise unseres linken Gehirns vergleichbare Arbeitsweise des Computers macht es notwendig, daß man sich im Umgang mit ihm dieser linearen, »eins-nach-dem-anderen«-Denkweise bedienen muß. Kann der Mensch zum Beispiel ein Gesicht im Nu aus einer Menge von Gesichtern herausfinden, so braucht der

Computer dazu eine große Anzahl von Befehlen und einzelnen Schritten. Weicht das Gesicht dann aber durch einen Bart von der Vorlage ab, dann kann es der Computer überhaupt nicht mehr finden.

Detlef S. machte das bildhaft durch eine Fantasiereise in das Innere eines Computers: »Stellen Sie sich vor, Sie stehen im Eingangstor des Computers. Hinter Ihnen befinden sich die Tasten und der Bildschirm. Vor sich sehen Sie in einiger Entfernung ein Hochhaus, rechts daneben eine große Lagerhalle und links ein glitzerndes Glasgebäude.
Das Hochhaus ist die Zentrale, wo alle Wege hin- und wegführen. Die Lagerhalle ist der Datenspeicher, der nur über die Hochhaus-Zentrale mit dem Glasgebäude verbunden ist. Das Glasgebäude stellt den Programmspeicher dar. Es geht wie in einem Ameisenhaufen zu, überall läuft es hin und her, und dennoch herrscht totale Ordnung. Kommt ein Befehl, laufen die Ameisen damit zum Hochhaus, der Zentrale, werden dann ins Glasgebäude, dem Programmspeicher, geschickt und kommen dann beladen wieder zurück zur Hochhaus-Zentrale. Dort weiß man jetzt, was zu tun ist, und schickt wieder Ameisen zur Lagerhalle, dem Datenspeicher ...«
In dieser vereinfachten Weise verstand es Detlef S., seinen Schülern einen plastischen Eindruck vom Aufbau und der Arbeitsweise des Computers zu vermitteln.

Dieses Grundmodell ließ sich nach Belieben ausbauen. Ebenso konnte er schwierige Inhalte wie das binäre Zahlensystem, die Bedeutung des Betriebssystems und der Programmiersprache bis hin zum Anwender plastisch und lebendig veranschaulichen.
Neue Begriffe, Fremdworte, Befehle von Programmiersprachen sowie logisch aufeinanderfolgende Abläufe ver-

mittelte er seinen mittlerweile motivierten Schülern durch den rhythmischen Vortrag zu langsamer Barockmusik.

Der Erfolg des Kurses bestätigte sich darin, daß seine Schüler neben dem konkreten Wissen vor allem ihre Einstellung gegenüber dieser »begrifflichen Maschine« geändert hatten. Jetzt konnten sie ihrem neuen Beruf mit einem positiven Gefühl entgegensehen.

Lernbeispiel Führerschein

Ca. 20% aller Fahrschüler fallen durch die erste praktische und ca. 15% durch die erste theoretische Führerscheinprüfung.

Das praktische Fahren ist ähnlich dem Erlernen einer neuen Sportart. Viele Dinge müssen gleichzeitig bedacht und getan werden. Wichtig und notwendig dabei ist Koordinations- und Konzentrationsfähigkeit. Die Fahrtheorie dagegen ist »einfaches« Lernen von einigen Daten. Erstaunlich ist dabei die Höhe der Durchfallquote.

Wie man seine Erfolgsaussichten mit Superlearning wesentlich erhöhen kann, soll folgendes Beispiel von Frau Dorothea R. zeigen, 42jährige Mutter von drei Kindern. Da die Kinder älter geworden sind und Frau R. mehr Zeit hat, hat sie sich entschlossen, jetzt den Führerschein zu machen. Die Reaktion ihrer Bekannten darauf war nicht sehr ermutigend, und sie möchte sich daher Zeit lassen, um sich gut vorzubereiten (Zeit).

Sie beginnt damit, die vermeintlichen Schwierigkeiten nüchtern zu betrachten und zu analysieren, um dumpfen Gefühlen wie »Frau am Steuer« oder »du in deinem Alter« keine zu große Macht zu geben. Sie weiß, daß sie erst wieder lernen muß, zu lernen oder sich auf etwas zu konzentrieren (Problemstellung).

Andererseits hat sie sich als jahrelange, aufmerksame Beifahrerin angewöhnt, Situationen rechtzeitig zu erkennen, und sie kennt bereits die Bedeutung von vielen Verkehrszeichen. Sie ist im Prinzip schon lange Autofahrerin, nur nicht am Steuer selbst (positive Punkteliste).

Sie beginnt zunächst mit der Theorie. Aber nicht Fragebogen für Fragebogen. Sie schaut sich das gesamte Buch in einem Durchgang an, wobei sie den Lernstoff folgendermaßen kennzeichnet:

— V weiß ich schon, brauch ich nicht mehr zu lernen
— L alle Fragen, deren Antworten so logisch sind, daß man sie nach einmaligem Lesen bereits weiß, wie zum Beispiel: Wie verhält man sich, wenn man bei einer nächtlichen Fahrt Ermüdungserscheinungen verspürt? Erholungspause Zigarette Frischluft
— S alle Fragen, deren Antworten Fakten darstellen, also Entfernungen, Gewichte, Geschwindigkeiten oder Wissensfragen aus dem Bereich der Technik.
— Z alle Verkehrszeichen, die noch nicht bekannt sind
— R z.B. Rechts vor links, also Bilderfragen

Dieser erste Schnelldurchgang durch das Buch machte ihr viel Spaß, da sie ja noch nichts lernen mußte. Außerdem war sie erstaunt, wieviel sie schon wußte.

Diese Kategorisierung machte es ihr einfacher, die verschiedenen Gebiete in der richtigen Weise anzugehen. Alle S-Fragen sprach sie sich auf Cassetten rhythmisch auf, die sie dann entspannt zur Musik hörte. Bei den Z-Fragen zu den Verkehrszeichen ging sie folgendermaßen vor: Zunächst betrachtete sie jedes einzelne Verkehrszeichen und überlegte sich dabei, was sich der Zeichner dieses Symbols wohl dabei gedacht hatte.

Danach sprach sie sich diese Interpretation mit Pausen auf Cassetten. Beim Anhören rief sie sich in den Pausen das entsprechende Bild in Erinnerung.

Bei den R-Fragen hatte sie zunächst große Schwierigkeiten, bis sie begann, sich in ein Auto zu versetzen. Sie selbst fuhr nun auf eine Kreuzung zu. Sie wußte »immer rechts vor links«, wenn kein Verkehrszeichen etwas anderes sagt. In ihrer Vorstellung war also der erste Blick auf das Verkehrszeichen und dann nach rechts. Stand da ein Stopschild oder rechts ein Auto, so brauchte sie sich zunächst nicht um die anderen Autos kümmern, sondern nur anzuhalten. So löst sich diese Szene langsam in der richtigen Reihenfolge auf. In den bekannten Prüfungsbildern dagegen stehen sich scheinbar vier Autos gegenüber und der Betrachter hat oft Schwierigkeiten, einen Anfang zu finden.

In Wirklichkeit, und diese Imaginationsübung entspricht der Wirklichkeit, gibt es bei weitem nicht so viele komplizierte Fälle, wie diese Bilder vermuten lassen.

Für den praktischen Teil des Führerscheins verwendete Dorothea L. mentales Training. Damit konnte sie ihre »Fahrstunden« beliebig vermehren, allerdings ohne Mehrkosten. Zum einen fuhr sie nach jeder Fahrstunde im Geist die gesamte Strecke oder Teile davon noch einmal entspannt nach. Wenn sie Fehler gemacht hatte, mehrmals. Zum anderen schaltete, blinkte und lenkte sie genau wie in der wirklichen Fahrstunde.

Für das Einparken, das auch in der mentalen Vorstellung manchmal Schwierigkeiten bereitet, besorgte sie sich ein Spielzeugauto mit beweglichen Rädern und Lenkung.

Frau Dorothea K. hatte nicht nur viel Freude und Spaß beim Führerscheinmachen. Sie widerlegte auch alle negativen Erwartungen und bestand sowohl die theoretische als auch die praktische Prüfung problemlos.

Lernbeispiel Zeichensetzung

Die richtige Zeichensetzung ist nicht nur in der Schule ein Problem. Auch Erwachsene unterschiedlicher Berufe bis hin zum Deutschlehrer haben (wie Untersuchungen gezeigt haben) immer wieder Schwierigkeiten mit dem Komma.

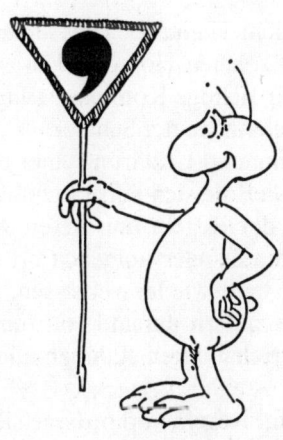

Fragt man Menschen, die die Zeichensetzung beherrschen, wie sie das machen, antworten sie oft nur mit Sätzen wie »Das habe ich im Gefühl« oder »Ich mache das intuitiv«.

Die Frage, wie man dieses intuitive Gefühl entwickeln, fördern und gleichzeitig einen sicheren Umgang mit den entsprechenden Regeln erreichen kann, stellte sich auch die Deutschlehrerin Susanne K. (Ziel).

Sie wußte aus ihrer Erfahrung, daß nur »Gefühl« genausowenig ausreicht wie die zwangsläufig unvollständige Kenntnis von ca. 175 Kommaregeln, und deren Ausnahmen (Problemstellung). Zur Unterstützung der intuitiven Kommasetzung begann sie Superlearning-Hörspiele zu entwickeln. Entspannt und mit geschlossenen Augen hörten die Schüler diesen Geschichten zu, die Susanne K., mit etwas verlängerten Pausen bei jedem Komma, zu ruhiger Musik vortrug.

Zuvor hatte sie ihren Schülern erklärt, daß Komma, Punkt und andere Satzzeichen das Verständnis der geschriebenen Sprache erleichtert, da Gedrucktes nicht über die Ausdrucksform der gesprochenen Sprache verfügt.

Jede Stunde mit dem Thema Zeichensetzung begann und endete mit einem solchen Hörspiel. Das verstärkte nicht nur das Gefühl für richtige Kommasetzung, sondern verbesserte auch den Satzbau der Schüler.

Was die Einführung und Erklärung einer neuen Kommaregel anbelangte, ließ sie sich einiges einfallen. Sie wußte, daß die Vielzahl der Regeln und deren Ausnahmen oft dazu führt, daß die Schüler aufgeben oder die vorangegangenen Regeln bald wieder vergessen. Sie setzte sich zum Ziel, ihren Schülern anhand von fünf wesentlichen Regeln einen überschaubaren Rahmen und damit Sicherheit zu geben.

Sie nahm diese fünf Regeln und ordnete sie jeweils einem

Finger zu. Das Ganze nannte sie dann »Faustregel«, die zusammengenommen die meisten der zu setzenden Kommas abdeckte.

Der erste Finger »pi mal Daumen« entsprach dem Satzgefüge und der Satzreihe. Der Zeigefinger stand für Hervorhebungen, Einschübe und Zusätze (Appositionen). Der Mittelfinger umfaßte den Bereich der Konjunktionen, während der Ringfinger die Aufzählungen und somit eins zum andern reihte. Für den kleinen Finger blieben dann noch die Nebensätze, Infinitiv und Partizipialsätze.
Um diese fünf Finger, die jeweils von einem entsprechenden Hörspiel am Anfang und Ende der Stunde eingerahmt wurden, dachte sie sich teilweise mit Hilfe der Schüler einige lustige und leicht nachvollziehbare Geschichten und Übungen aus.

In diesem überschaubaren Rahmen fiel es den Schülern leicht, sich zu orientieren, vor allem da Susanne K. zunächst völlig auf das Erwähnen von Ausnahmen verzichtete. Diese wurden dann teilweise durch Fragen von Schülern angesprochen, aber immer erst behandelt, nachdem die Regel absolut sicher saß.

Das Ergebnis war, daß selbst ein Komma eine spannende und interessante Sache wurde, an der alle Beteiligten viel Spaß hatten.

Lernbeispiel Klavier

Das folgende Beispiel zum Klavierspielen läßt sich auch auf das Erlernen anderer Musikinstrumente sowie auf den Musikunterricht im allgemeinen übertragen.

Musik ist eine besondere Form der Kommunikation zwischen Komponist, Interpret und Hörer. Da sie die rechte, musische und intuitive Gehirnhälfte anspricht, kann sie Gefühle und Stimmungen in uns auslösen, verstärken oder abschwächen.

Der übliche Klavierunterricht zielt darauf ab, den Schüler als einen möglichst authentischen Interpreten zwischen Komponist und Hörer zu plazieren. Daher muß man zum einen die Sprache des Komponisten (die Noten) erlernen und zum anderen die Fingerfertigkeit trainieren, damit sich das Gespielte gut anhört. Keine Rolle hingegen spielt, ob man Spaß am Spielen hat, ob man gerne übt und ob das Spiel uns selbst gefällt. Bis diese Freude am Spiel jedoch eintritt, vergehen oft Jahre harten Übens, der Frustrationen und Pflichterfüllung. Fingerfertigkeit wird

durch das Spielen (Üben) erreicht, und je mehr Freude wir empfinden, desto häufiger spielen wir.

Besonders erschwerend auf die Entwicklung der Spielfreude wirkt sich das Erlernen der Notensprache aus. Hier wird die Musik in ihre Einzelteile zerlegt, aufgeschrieben, vom Spieler gelesen und von den Fingern auf die Tasten übertragen, um schließlich wieder zusammengebracht als Musikstück zu erklingen. Sicher ist die Notensprache unerläßlich, um überhaupt Musikstücke anderer Komponisten spielen zu können. Anfangs bedeutet sie für den Schüler jedoch eine zusätzliche Schwierigkeit, mit der er fertig werden muß.

Für fortgeschrittene Spieler, die stark auf Noten fixiert sind, ergibt sich daraus ein weiteres Problem. Oft ist ihre Fähigkeit zu komponieren oder zu improvisieren stark eingeschränkt. Musik und Notenlesen sind für sie über die Jahre zu einer untrennbaren Einheit verschmolzen. Damit ist die Notensprache zu einer Begrenzung geworden, aus der sie sich nur schwer befreien können. Wie ein Apparat, der ohne Strom stehen bleibt, hört der Spieler auf zu spielen, wenn man ihm die Noten nimmt.

Meistens wird der Klavierlehrer selbst für den Schüler zum Problem und Hindernis. Der Lehrer neigt dazu, das Spiel seines Schülers stets am eigenen Niveau oder dem genialer Pianisten zu messen. Selbstverständlich wird der Schüler bei einem solchen Vergleich immer schlecht abschneiden. Anstatt zu motivieren, frustriert es den Schüler, wenn er Sätze hört wie: »Dein Spiel war ganz gut, aber es muß noch besser werden.«

Durch die ganzheitliche Betrachtungsweise bei Superlearning wird der Schüler als Komponist, Interpret und Hörer in einer Person gesehen. Dazu werden anfangs keine Noten gebraucht, und der Schüler spielt vorerst nur für sich selbst.

Oberstes Ziel dabei ist, Zugang zum Instrument zu finden und vor allem Freude daran zu haben. »Komponist-Sein« bedeutet jetzt, nach dem eigenen Gefühl und Gehör zu spielen. Viele populäre Musikstücke sind nur aus drei- bis fünffachen Dreiklängen aufgebaut und können auch von Anfängern schon nach kurzer Zeit gespielt werden. Obwohl dabei die noch ungeschickten Finger für das Finden der entsprechenden Taste noch etwas Zeit benötigen, klingt das Gespielte schon ganz gut, zumindest für die Ohren des Spielers.

Zunächst natürlich nur für diese, denn wenn man sich selbst zuhört, überbrückt man längere Pausen und Fehler gedanklich so, daß man sie nicht bemerkt. Was für den außenstehenden Zuhörer abgehackt und stockend klingt, ist für die eigenen Ohren zusammenhängend und flüssig. Was dem anderen zur Qual wird, macht dem Spieler selbst außerordentlich Spaß.

Birgit B., 35 Jahre, Mutter und Hausfrau, hatte jedesmal, wenn sie das Klavier abstaubte und daran dachte, was sechs Jahre Unterricht ihre Eltern gekostet haben, ein schlechtes Gewissen. Seit über 20 Jahren war das Klavier nur noch ein nutzloses Möbel. Ab und zu war sie auch traurig darüber und hatte sich schon öfter überlegt, wieder mit dem Spielen anzufangen. Ihre ersten zaghaften Versuche waren jedoch nicht sehr ermutigend, weil sie inzwischen fast alles wieder vergessen hatte (Problemstellung).

Dennoch nahm sie einen neuen Anlauf und begann, bewußt ohne Noten, das Instrument aufs Neue zu erforschen (Ziel).

Wenn das Haus leer war (Zeit), setzte sie sich an das Klavier, schloß die Augen, entspannte sich und drückte verschiedene Tasten. Sie lauschte den einzelnen Tönen und stellte sich dabei vor, daß der Hammer, der die Saiten schlägt, ihr eigener Finger sei. Sie sah, wie die Saite schwang und die Klangwellen an ihr Ohr kamen, wenn sie mit ihrem verlängerten Finger die Saite sanft und zaghaft oder fest und mutig berührte. Immer wieder hielt sie inne, um den Tönen oder einer in ihr auftauchenden Melodie zu lauschen. Noten und Zuhörer hatte sie einfach vergessen.

Zwangsläufig tauchten auch die Gefühle auf, die mit ihrem früheren Klavierspielen zusammenhingen: Unsicherheit, Trotz, Angst vor den Eltern oder dem Klavierlehrer, weil sie nicht genug geübt hatte. Mit Hilfe von Entspannungsübungen konnte sie diese negativen Gefühle, die mit der heutigen Situation nichts mehr zu tun hatten, abbauen.

Ihre Spielfreude stieg ständig an, und sie entschloß sich, einen Klavierlehrer zu suchen, der ihrem Wunsch, Freude am Spiel zu haben und freies Improvisieren zu lernen, gerecht werden konnte. Wenn sie sich später dann wieder mit den Noten beschäftigen wollte, dann sollte dieser Lehrer ihr nur dort helfen, wo sie selbst nicht weiter kam. Sie wollte die Stücke nicht so spielen, wie »man« oder der Lehrer sie spielte, sondern wie sie selbst diese Musik empfand.

Wenn die Klavierlehrer nicht wollen, daß die Instrumente später einmal in einer Ecke verstauben, dann sollten sie mit ihrer Fantasie und Kreativität Wege suchen, beim Schüler die Freude am Instrument zu unterstützen und zu fördern. Das Motto »erst die Arbeit, dann das Vergnügen« sollten sie ganz und gar vergessen. Der spielerische Umgang mit dem Instrument wird dann dazu führen, daß der Schüler auch die trockenen Fingerübungen gerne macht, weil ihm klar ist, wofür er es tut.

Lernbeispiel Skifahren

Superlearning und Skifahren klingt vielleicht etwas ungewöhnlich, wird aber bereits seit 1974 praktiziert. Der Amerikaner Timothy Gallwey hat diese Methode unter dem Namen »inner training« oder »inner games« entwickelt, und sie findet auch bei uns zunehmend Anwendung. Diese ganzheitliche Lernmethode führt zu einer direkteren Kommunikation zwischen dem Körper des Lehrers und dem des Schülers, ohne verbale Erklärungen. Daher halten wir sie für ein besonders eindrucksvolles Beispiel, um nochmals die Wirkungsweise von Superlearning zu verdeutlichen. Denn in kaum einem anderen Lernbereich sind wir mit unseren Worten so schnell am Ende wie bei der Vermittlung von körperlichen Fähigkeiten.

Das verbal lineare Denken (linke Hirnhälfte) ist viel zu langsam, um dem Körper Bewegungsabläufe vorzugeben. Genau das wird aber beim Sportunterricht gemacht. Der Lehrer muß, um etwas zu erklären, sich selbst beobachten oder Bücher lesen. Dann gibt er es verbal weiter. Der Schüler hört es und gibt es wiederum an seinen Körper weiter.

Bevor aber Ihr Verstand alle die verbalen Weisheiten des Skilehrers wie: Tiefgehen, Ausstemmen, Drehen usw. weitergegeben hat, sind Sie schon von der Piste runter, abgesehen von anderen Störfaktoren wie Eis oder Tiefschnee, auf die Ihr Verstand nicht vorbereitet ist. Ihr Körper aber kann, wenn er frei von Anspannung ist, unmittelbar auf die jeweilige Situation reagieren, auch wenn sie sich verändert.

Timothy W. Gallwey, der Begründer des »Inner Game«, geht von der These aus, daß bei keinem Sport Meisterschaft oder auch nur Befriedigung erreicht werden kann, wenn nicht auch die inneren Fähigkeiten geübt werden. Statt einem leistungsorientierten, vorwiegend technisch ausgerichteten Unterricht geht es beim Inner Game vielmehr um ein ganzheitliches Erfahren und Erspüren.
Es soll z.B. beim Skilaufen zu einem vollkommenen Verschmelzen von Körper, Ski, Schnee und Boden kommen. Skilaufen ist somit nicht mehr anstrengend, sondern von Entspanntheit, Leichtigkeit, spielerischer Eleganz und Schwerelosigkeit gekennzeichnet. Zudem findet jeder Skiläufer seinen eigenen, ganz persönlichen Bewegungsstil.

Aufgrund dieser ganzheitlichen Lehr- und Lernmethode entwickelt der Skiläufer ein tiefes Vertrauen in seine eigenen Bewegungen. Anstelle des Leistungsziels tritt die Freude an der Bewegung und der Kontakt mit Mensch und Natur.
Die auf diese Weise gemachten Erfahrungen und Erkenntnisse lassen sich unmittelbar auch auf den persönlichen und beruflichen Alltag übertragen. Der »innerlich trainierte« Sportler vermag die Kunst der entspannten Konzentration über alle anderen Fähigkeiten zu stellen. Und entspannte Konzentration ist für jede Art von

Höchstleistungen notwendig, nicht nur im Sport. Durch »Inner Game« soll Lernen wieder faszinierend und mit Freude verbunden werden. Gefühle der Unlust und Frustration weichen einem natürlichen Leistungswillen, verbunden mit hoher Motivation.

Tim Gallwey macht dabei in der Praxis eine sehr sinnvolle Unterscheidung in zwei verschiedene Aspekte unserer Ganzheit. Wollen wir das Ich-1 kennenlernen, dann sollten wir mal auf die Gedanken achten, die uns durch den Kopf gehen, wenn wir Skifahren.
Meistens sind wir mit einer Reihe von Anweisungen beschäftigt, die besagen, wie wir das tun und jenes lassen sollen — Selbstkritik, Sorgen, Ängste und Zweifel. Oft geht das »innere Geschwätz« ununterbrochen und nicht gerade freundlich vonstatten. Auf der Piste könnte Ich-1 etwa folgendes ausrufen:
»In die Knie gehen!«
»Das Gewicht auf den Talski!«
»Das war ein miserabler Schwung. Du hast nicht genug gekantet.«
»Du lernst das nie.«
»Du bist für diese Sportart viel zu ungeschickt.«
»Dieser Hang ist viel zu steil für dich.«
»Sieh dir die Buckel an. Du fällst bestimmt gleich hin.«

Ich-1 ist also jene Stimme, die all das Reden, Beurteilen, Sorgen und Zweifeln vertritt und die den handelnden Körper — das Ich-2 — belehren will. Es ist der Verstand, der immer die Kontrolle über unseren Körper ausüben möchte und dabei wenig Gutes tut. Denn während einer wirklich gelungenen Abfahrt ist das Ich-1 in dem seltenen Zustand der Ruhe. Die Kontrolle verlagert sich dann auf das angeborene nonverbale Führungssystem des Ich-2. Und unsere Handlungen werden schweigend gesteuert.

Wenn Ich-1 schweigt, dann steigert sich unser Bewußtsein, und wir entdecken Ich-2, den Teil von uns, der auf jede Situation sofort und instinktiv richtig reagiert.
Man kann das Ich-2 der rechten und das Ich-1 der linken Gehirnhälfte zuordnen.

Ein Ziel des »Inner Game« ist es, sich von allem zu befreien, was uns daran hindert, daß Ich-2 sich voll entwickeln und ausdrücken kann.

Stefan B. war Skilehrer und hatte Freude daran, seinen Schülern das Skifahren beizubringen. Obwohl er sich aber immer weitergebildet, Kurse besucht und Bücher gelesen hat, war das Ergebnis doch immer das gleiche. Mal ging es gut, mal weniger, ohne daß er jedoch das Gefühl gehabt hätte, darauf gezielt einzuwirken. Er war dennoch ein sehr beliebter Skilehrer, da er immer lustig war und sich auch immer wieder neue Sachen für seine Gruppe ausdachte.

Da stellte er sich eines Tages die entscheidende Frage: »Es muß doch einen Weg geben, wie ich das Wissen meines Körpers in den meines Schülers bringe, ohne diesen umständlichen Weg über Erklärungen zu gehen.« Er begann nun, sich und seine Schüler verstärkt unter diesem Aspekt zu beobachten und stellte verschiedene Dinge fest:

— Wenn ich einen Schwung erkläre, nicken alle, und wenn die Schüler dann den Schwung ausführen, sind ihre Körper verspannt und von den Gesichtern ist deutlich die Willensanstrengung abzulesen. Der Schwung, den ich meine, funktioniert aber nur mit gelöstem Körper.

— Der Schüler hat oft vor irgend etwas Angst, auch wenn

es keinen offensichtlichen Grund gibt. Ich kann diese Angst nicht nachvollziehen, da meine Lernerinnerung zu weit zurückliegt. Deutlich wird auch eine Verminderung der Angst nach ein, zwei Obstlern.
— Wenn wir eine lustige und nette Gruppe sind, das Wetter und der Schnee gut ist, lernen die Schüler viel schneller. (Problemstellung)

Da Stefan hinter diese Dinge kommen und wirksamere Lösungen für die auftauchenden Probleme finden wollte (Ziel), begann er mit einer für ihn neuen Sportart. Damit wollte er noch einmal erleben, wie man sich als Anfänger fühlt. Außerdem beschäftigte er sich mit Entspannungsmethoden, mentalem Training und »inner training«.
Sein nächster Skikurs sah dann auch schon ganz anders aus. Zunächst sorgte er durch Wahrnehmungsübungen dafür, daß die Schüler ihren Körper spüren und über Skistiefel und Ski Kontakt zum Schnee aufnehmen, wobei sie sich den Ski wie einen verlängerten Fuß vorstellen sollten. Dabei wurden diese sonst unbeachteten Elemente ein Teil vom Schüler.

Um den Kontakt zu intensivieren und das logische Denken weitgehend auszuschalten, sahen die Aufgaben z.B. so aus:

— Wenn du fährst, konzentriere dich auf deine Skispitzen, als wären sie deine Fußspitzen, und spüre den Schnee an dieser Stelle!
— Achte auf das Geräusch, das die Ski machen, wenn du fährst!
— Wie empfindest du den Schnee beim Fahren? Ist er weich oder hart?
— Achte, wenn du jetzt fährst, einmal nur auf deinen Atem!

Ausführliche Erklärungen eines Schwunges hat er durch häufiges Vorfahren ersetzt, wobei auch hier die Aufgabenstellung wieder etwas anders aussah. So sollten sich die Schüler vorstellen, sie stünden im Skistiefel des Vordermanns. Oder er ließ sie beim Fahren Reime aufsagen oder Lieder singen. Alles Dinge, die vermeiden helfen, daß sich der Verstand einschaltet und möglicherweise sagt »Das ist zu steil« oder ähnliches, was zu Ängsten und Verspannungen führt.

Auf diese Weise erlebte es Stefan häufig, daß die Schüler über sich selbst erstaunt und stolz waren, einen solchen Hang hinuntergefahren zu sein. Beim Fahren selbst war es ihnen gar nicht bewußt. Wenn dennoch ab und zu Ängste auftauchten, setzte Stefan Entspannungsübungen oder mentales Training ein.

Mit derartigen Übungen und Spielen wird somit erreicht, daß das Vertrauen des Schülers in die Fähigkeiten seines Körpers wächst und er diesem dadurch ermöglicht, sich frei von Angst und Anspannung zu bewegen, so wie wir es von Kindern kennen.

Schlußbemerkungen

Zum Abschluß ist es mir ein persönliches Anliegen zu betonen, daß es dem Begründer der suggestopädischen Lehrmethode, Dr. Georgi Lozanov, wesentlich um die HUMANISIERUNG des Erziehungssystems ging. Daß ein solcher Unterricht NEUE KAPAZITÄTEN DES GEDÄCHTNISSES WECKT, KAUM ERMÜDEND, sondern EHER THERAPEUTISCH WIRKT, daß LERNEN ALS ETWAS LUSTVOLLES erfahren wird, daß so eine NEUE FREUDE AM LERNEN UND AUCH AM SPRECHEN entsteht und zudem die SOZIALE INTEGRATIONSBEREITSCHAFT und der damit verbundene WILLE ZUR KOMMUNIKATION wachsen, dies sind zusammengefaßt die hauptsächlichen Elemente, die den suggestopädischen Unterricht kennzeichnen.

Erste Voraussetzungen neben aller Technik ist die Persönlichkeitsentwicklung beim Lehrer selbst. Geht es ihm gut, kann sich das auch auf die Schüler übertragen. Der Lehrer muß bei sich selbst beginnen. Kleine Schritte genügen. Wichtig ist die Ehrlichkeit. Es kann also nicht um bloße Aktion gehen, um das Vorspielen von Entspanntsein und Freude. Gefühle wirken dann, wenn sie echt sind. Auch wenn es dem Lehrer einmal schlecht geht, kann man zusammen mit den Schülern eine lernfreudige Situation erschaffen. Soziale Spiele helfen dabei.

Superlearning oder ganzheitliches Lernen wird mehr und mehr Verbreitung finden.

Nicht, weil es sich dabei um eine neue Wundermethode zum schnellen Lernen handelt, sondern weil es den Menschen in den Mittelpunkt stellt. Dazu ist es jedoch unerläßlich, Abschied zu nehmen vom Glauben an neue Rezepte und Techniken, die man nur anwenden muß, und sofort tritt eine Veränderung ein.

Das Ablegen alter Muster, der wachsende Glaube an die eigenen Fähigkeiten und die Steigerung der Selbstwertgefühle sind hierbei wesentliche Aspekte. Denn selbst wenn die methodische Anwendung einzelner Komponenten von Superlearning auf ein bestimmtes Lerngebiet erfolgreich ist, so ist doch ein längerfristiges Umdenken sich selbst und seinen Fähigkeiten gegenüber das eigentlich anzustrebende Ziel. Ob man dabei schließlich noch von Superlearning spricht, ist unerheblich.

Das »Wie lerne ich schneller?« oder »Wie komme ich möglichst schnell an ein bestimmtes Ziel?« ist zu ersetzen durch Fragestellungen wie »Warum überhaupt schneller lernen?« oder »Wie gestalte ich den Weg zu meinem Ziel möglichst lebendig, vielseitig und spannend?«. Denn während das Ziel ein Zeitpunkt in der Zukunft ist, tue ich die Schritte auf dem Weg dorthin hier und heute.

Superlearning vereinigt dabei auf eindrucksvolle Weise die Polarität unserer Zeit: Technik und Persönlichkeit. Auf der einen Seite wird es benutzt, um schneller und besser zu lernen und entspricht somit dem technischen Fortschrittsdenken. Auf der anderen Seite wird dies aber gerade dadurch erreicht, daß der Mensch seine natürlichen Anlagen, Fähigkeiten und Bedürfnisse einsetzt.

Wenn Sie sich daher in Zukunft mit Superlearning oder Elementen daraus, in welcher Form auch immer, näher befassen möchten, beachten Sie folgende Punkte:

1. Lernen Sie, Ihrem Gefühl zu vertrauen.
2. Sie stehen im Mittelpunktk, und die Elemente, die Sie ansprechen, sind die richtigen. Die, die Sie nicht ansprechen, beachten Sie nicht weiter.

3. Geben Sie sich bei Ihren Versuchen eine Chance, indem Sie, vielleicht gegen Ihre Gewohnheiten, nicht sofort »nein« sagen, sondern es in ein offenes »Ich probiere es« umformulieren.
4. Erlauben Sie sich, das Leben und das Lernen zu genießen, auch wenn es nicht mit harter Arbeit verbunden ist.

DENKEN SIE NICHT AN DEN ERFOLG IHRES LEBENS. GENIESSEN SIE DAS LERNEN UND HABEN SIE DABEI ERFOLG.

Superlearning wird nicht von einigen wenigen weiterentwickelt, sondern auch Ihre Ideen sollen dazu beitragen.

Wir möchten Sie daher auffordern, uns Ihre Überlegungen, Ideen oder schriftlichen Ausarbeitungen zu bestimmten Lernbereichen und zu diesem Buch mitzuteilen. Ebenso sind wir an geplanten oder bereits abgeschlossenen Diplomarbeiten und anderen Schriften zu diesem Thema interessiert.

Im Rahmen der Gesellschaft für ganzheitliches Lernen wird diese Bibliothek Ihnen und anderen Interessenten zugänglich sein. Wir möchten damit vermeiden, daß an verschiedenen Orten gleichzeitig an genau der gleichen Sache gearbeitet wird.

Wir sind auch gerne bei der Umsetzung von Superlearning auf Ihr Lerngebiet behilflich oder unterstützen Sie bei der Entwicklung komplexerer Lernstoffe, z.B. für Schulen, Universitäten und Firmen.

Informationen zu Superlearning-Sprachcassettenprogrammen, geeigneter Musik etc. können Sie mit der beiliegenden Postkarte anfordern. Wir informieren Sie auch gerne über Seminare zu den Themen: Lehrerfortbildung,

Sprachseminare, »Inner Game« Tennis- und Skikurse, Neuro-linguistisches Programmieren und andere.

Schreiben Sie an die

Gesellschaft für ganzheitliches Lernen,
Goethestr. 20, 7800 Freiburg,
Tel. 0761-7 51 07

oder an:

Christian Maier, Baslerstr. 25,
7800 Freiburg

Wir wünschen Ihnen nun viel Feude und viele Ideen beim Lernen mit Superlearning.

Anhang

Geeignete Musikstücke

GEORG FRIEDRICH HÄNDEL

Largo aus Concerti grossi: Nr. 1 B-Dur
                                Nr. 2 B-Dur
                                Nr. 4 a-Moll
Feuerwerksmusik: La Paix
Wassermusik: Suite F-Dur

JOHANN SEBASTIAN BACH

Largo aus Konzert für Flöte, Streicher und Continuo a-Moll
Goldbergvariationen: Aria
Largo aus Konzert Nr. 5 f-Moll
Adagio aus Konzert für Violine und Oboe d-Moll
Largo aus Konzert für Cembalo solo F-Dur

ANTONIO VIVALDI

Largo aus Konzert für Gitarre D-Dur
Largo aus Konzert für Piccoloflöte, Streicher und Cembalo
    C-Dur
Largo aus Konzert für Viola d'amore, Laute und Streicher
    d-Moll
Largo aus »Die vier Jahreszeiten«: Der Winter
Largo aus Konzert für Flöte G-Dur, 2. Satz

GEORG PHILIPP TELEMANN

Largo aus Konzert für Viola G-Dur
Largo aus Konzert für Gitarre, Streicher und Basso continuo
    D-Dur
Largo aus Konzert für Mandoline, Streicher und Orgel Nr. 1
    C-Dur

JOHANN PACHELBEL

Kanon D-Dur

TOMMASO ALBINONI

Andante aus Sinfonie G-Dur
Andante aus Violinkonzert Op. 10 Nr. 4
Andante aus Violinkonzert Op. 10 Nr. 5

Literatur

Empfehlenswerte Bücher:

Arbeitsgemeinschaft Lernmethodik: *So macht Lernen Spaß*, Beltz

Bierbaum, Georg: *Nichts vergessen — mehr behalten*, Universitas

Birkenbihl, Vera F.: *Stroh im Kopf*, GABAL, Speyer

Diamond, John: *Lebensenergie in der Musik*, Verlag B. Martin

Houston, Jean: *Der mögliche Mensch*, rororo

Jegge, Jörg: *Dummheit ist lernbar*, rororo

Lindemann, Hannes: *Überleben im Streß*, *Autogenes Training*, Heyne

Miller, Alice: *Das Drama des begabten Kindes*, Suhrkamp

Müller, Else: *Du spürst unter deinen Füßen das Gras*, Fischer

Schenkel, Susan: *Mut zum Erfolg*, Campus

Wild, Rebecca: *Erziehung zum Sein*, Arbor Verlag

Weiterführende Literatur:

Bandler-Grinder: *Neue Wege der Kurzzeittherapie*, Jungfermann

Birkenbihl, Vera F.: *Die Birkenbihl-Methode*, GABAL, Speyer

Blakeslee, Thomas: *Das rechte Gehirn*, Aurum

Buzan, T.: *Use Both Sides Of Your Brain*, New York 1976

Bierbaum, Georg: *Nichts vergessen — mehr behalten*, Universitas

Bochow-Wagner: *Suggestopädie*, GABAL, Speyer

Buner, Roberto: *Aufsatz zur Suggestopädie*, St. Gallen 1986

Dennison, Paul E.: *Befreite Bahnen*, VAK

Diamond, John: *Lebensenergie in der Musik*, Verlag B. Martin

Gallwey, Kriegel: *Besser Skifahren durch »Inner Training«*, Heyne

Grassi, John: *A Handbook For Teachers*, USA 1985

Hewitt, James: *Entspannungstechniken*, Heyne

Lerede, Jean: *Suggérer pour apprendre*, Quebec 1983

Maier, Christian: *Superlearning zum Selbermachen*, Gesellschaft für ganzheitliches Lernen (GFGL)

Ostrander-Schroeder: *Leichter Lernen ohne Streß*, SUPER-LEARNING, Goldmann

Rose, Colin: *Accelerated Learning*, Gt. Missenden 1985

Saltoon, Diana: *Bewußter Leben*, mvg

Schuster-Gritton: *Suggestopädie in Theorie und Praxis*, PLS

Stöckl, Anton: *Recreationstraining*, Gfgl

Valentin, Ulrich: *Wege aus der Prüfungsangst*, Gfgl

ders.: *Entspannungs- und Konzentrationstraining*, Gfgl

Vester, Frederic: *Denken — Lernen — Vergessen*, dtv

Erfahrungen mit der Suggestopädie (Superlearning) als ganzheitliche Lehrform

von Dr. Roberto Buner

Ich will im folgenden die Grundelemente der Suggestopädie anhand der konkreten Erfahrungen, die ich damit in der Vermittlung von Fremdsprachen gemacht habe, darstellen. Das konkrete, sinnliche Erlebnis und den damit verbundenen Bewußtseinswandel, der in einer suggestopädisch geführten Gruppe entsteht, kann dieser Bericht allerdings nicht wiedergeben, ebensowenig wie durch die bloße Schilderung eines guten Essens der sinnliche Genuß nachvollziehbar ist.

Unser traditionelles Erziehungs- und Bildungssystem basiert auf einem dualistischen Weltbild. Man trennt zwischen Körper und Geist, Verstand und Gefühl, zwischen objektivem Wissen und subjektiver Wahrnehmung. Wohl nicht zuletzt aufgrund des Descartschen »Cogito, ergo sum«, schult man mit traditionellen Lehr- und Lernmethoden einseitig die intellektuelle Denkfähigkeit des Menschen.

Im Gegensatz dazu handelt es sich bei der Suggestopädie um eine GANZHEITLICHE Lehrmethode. Das Grundprinzip des ganzheitlichen Lernens ist die dialektische Einheit von gegensätzlichen Bewußtseinszuständen, also die Vereinigung des rational-analytischen mit dem intuitiv-rezeptiven Zustand. Unser Unterbewußtsein verfügt über ein nahezu unbegrenztes Potential an Lern- und Erkenntnismöglichkeiten. Mit der neu entstandenen Wissenschaft der Suggestopädie konnte inzwischen experimentell nachgewiesen werden, daß wir im entspannten Zustand nicht nur wesentlich schneller und besser lernen, und mehr aufnehmen, sondern das so Aufgenommene auch viel länger behalten können.

Normalerweise aktiviert der Mensch im Durchschnitt nur gerade 4—10% seiner geistigen Fähigkeiten. Versetzen wir uns aber beim Lernen in einen entspannten Zustand, dann kommt es zu bislang nie gekannten Steigerungen unserer Gehirnkapazität. Durch die Neutralisierung von tief in unserem Unterbewußtsein verankerten Negativsuggestionen spielt sich ein derartiger Lernprozeß stressfrei ab. Bedingt durch diesen Stressabbau erhöht sich automatisch unsere uns schon beinahe abhanden gekommene NATÜRLICHE Lernfähigkeit.

Neben den QUANTITATIVEN Effekten, wie

— der Erweiterung der Speicherkapazität des Langzeitgedächtnisses
— der Erhöhung der Lernleistung um ein Mehrfaches
— einer stark verbesserten aktiven Beherrschung der Sprache

treten aber auch QUALITATIVE Effekte auf. Durch die Ganzheitlichkeit des Lernprozesses kommt es

— zum Abbau von Lernblockaden (Sprachbarrieren) sowie — zu einer Förderung der individuellen Sensibilität und Kreativität.
— Das Lernen in der Gruppe bewirkt eine wesentliche Verbesserung des sozialen Empfindens und damit der Integrationsfähigkeit.

Mit dieser Methode können auch Behinderte und Minderbegabte, ältere Menschen und nicht zuletzt auch die

Stressgeplagten ganz erstaunliche Leistungen erbringen. Im suggestopädischen Lernprozeß wird auf mechanischen Drill und sture Büffelei verzichtet. Statt mit willentlicher, angestrengter Konzentration findet das Lernen in der Gruppe in einer angstfreien, gelockerten, ja heiteren Atmosphäre statt.

Die Wissensaufnahme erfolgt in einem mühelosen Prozeß. Durch den Einbezug des Unterbewußtseins erfolgt eine dauerhafte Speicherung im Gedächtnis. Der Einbezug spielerischer Elemente bewirkt die schnelle und unmittelbare Abruffähigkeit der gespeicherten Information.

DER SUGGESTOPÄDISCHE KREIS BEIM ERLERNEN EINER FREMDSPRACHE

Der Lernprozeß kann in drei Hauptphasen unterteilt werden:
1. die Einstimmung — Decodierungsphase
2. die Musik und die Konzertsitzungen
3. die Aktivierungs- und Elaborationsphasen

1. Die Einstimmung

So wie man ein Instrument erst auf die richtige Tonhöhe stimmen muß, sollen auch die Lernenden auf den Stoff eingestimmt werden. Dies kann durch das Spielen von schöner Musik geschehen, damit Sie deutlich spüren, daß Sie vom Stress des Alltags oder von der vorangegangenen Schulstunde Abstand nehmen und herzlich willkommen sind. Falls dies nicht genügt, kann auch eine körperliche Aufladungsübung zur Förderung der Lebensenergie oder eine mentale Entspannungs- und Visualisierung gemacht werden. Auch können einige positive Suggestionen eingeflochten werden.

Der Lehrer präsentiert das neu zu erlernende Material in mündlicher Form. Er macht auf die hauptsächlich lexikalischen und grammatikalischen Probleme aufmerksam. Der Lernende befindet sich in dieser Phase noch weitgehend auf der rationalen, bewußten Wahrnehmungsebene. Er soll vertraut werden mit dem, was er sich anschließend in einem entspannten Zustand aneignen wird. Damit gewinnt er Vertrauen und ist später bereit loszulassen, sich hinzugeben, es einfach geschehen zu lassen. Neben der spezifisch-logischen Mitteilung benutzt der Lehrer allerdings bereits in dieser Phase auch andere Wahrnehmungskanäle. Er sendet sogenannte »periphere Signale« aus, die durch die subliminale Wahrnehmung des Empfängers, des Lernenden, aufgenommen werden.

Lozanov ist berechtigterweise der Ansicht, daß die unbewußten Suggestionsmechanismen unsere Persönlichkeit viel entscheidender formen als das bewußte Erleben. Positive Suggestionen lassen eine Persönlichkeit wachsen, während negative sie lähmen und zerstören. Was in der Werbung bereits seit langer Zeit auf eine doch eher fragwürdige Weise angewandt wird, das soll hier nun in einer positiven Weise zur Erhöhung der Lernfähigkeit und des Erinnerungsvermögens fruchtbar gemacht werden. Allerdings muß ganz klar gesagt werden, daß es in keiner Weise um irgendeine Form der Gehirnwäsche geht.

Beim Einsatz der Suggestion wird die subsensorielle Ebene des Empfängers stimuliert, ohne daß dabei sein Bewußtsein und sein Wille eingeengt oder gar ausgeschaltet werden. Unter den oben erwähnten nicht-spezifischen, peripheren Signalen sind etwa der Blick, die Mimik, die Gestik, die Sprechweise (Ton, Aussprache, Rhythmus, Geschwindigkeit, Pausen), Kleidung und die natürliche und fachliche Autorität des Lehrers zu verstehen.

Wenn ich die Studenten mit dem Handlungsablauf und den darin vorkommenden Charakteren bekannt mache, dann benutze ich von Anfang an das Element der Visualisierung. Es soll eine Identifikation stattfinden können. Damit sich der Student von Beginn an konkrete Vorstellungen machen kann, lasse ich Portraits anfertigen. Hier entwickeln auch scheinbar Sprachunbegabte erste Formen von Kreativität und können so ihr Selbstvertrauen stärken. Diese Portraits gestalten, zusammen mit anderen Posters, die vom Lehrer angefertigt werden, allmählich den Raum und wirken permanent auf die subliminale Wahrnehmungsstruktur.

Schon in der ersten Phase soll die Begegnung mit der neuen Sprache auch zugleich immer eine Begegnung mit Menschen sein. Der Lehrer achtet auf Synergieeffekte, oder um es handfester auszudrücken: Er versucht ständig, mehrere Fliegen mit einem Schlag zu treffen. So werden bei der Vorstellung der Charaktere nicht nur einfache grammatikalische Grundmuster vermittelt, sondern zugleich auch Farben, Körperbeschreibungen, Charaktereigenschaften, Verwandtschaftsbeziehungen und Berufsbezeichnungen mit eingebracht. Nachdem die Studenten genügend vertraut sind mit dem aufzunehmenden Material — auf der einen Blatthälfte stehen die fremdsprachlichen Redewendungen, und auf der anderen Hälfte findet sich die Übersetzung in die Muttersprache —, kann mit der zweiten Phase eingesetzt werden.

2. Die Konzertsitzungen

Mögen in den anderen Phasen Elemente vorhanden sein, die Ähnlichkeiten haben mit modernen, humanen Methoden der Sprachvermittlung, so liegt in der im folgenden darzulegenden Phase das eigentliche Originäre der Suggestopädie, nämlich die INTEGRALE VERWENDUNG VON MUSIK im Lernprozeß.

Nachdem die Studenten mit dem der ersten, vorwiegend kognitiv orientierten Phase mit dem Lernmaterial vertraut wurden, trägt der Lehrer nun den zusammenhängenden Text mit ausdrucksvoller Stimme und unter Einbezug von Gesten vor. Man stelle sich vor: Im Hintergrund erklingt aus der Stereoanlage klassische Orchestermusik (Mozart, Haydn, Beethoven, etc.). Sie erfüllt den ganzen Raum und schafft so einen emotionalen Klangteppich. Dazu kommt nun die Stimme des Lehrers, die sich wie ein zusätzliches Instrument in diese Musik integriert. Es handelt sich also um eine Art Sprechgesang. Bei leisen Passagen wird beinahe geflüstert. Beim Crescendo hebt sich die Stimme an und wird dramatisch beim Fortissimo. Es ist ganz klar: Je höher das Einfühlungsvermögen in das gewählte Musikstück ist, desto stärker ist die suggestive Kraft. Musik und Sprache befinden sich in einem harmonischen Dialog.

»Das Verständliche an der Sprache ist nicht das Wort selber, sondern Ton, Stärke, Modulation, Tempo, mit denen eine Reihe von Worten gesprochen wird — kurz die Musik hinter diesen Worten, die Leidenschaft hinter dieser Musik, die Person hinter dieser Leidenschaft: alles das also, was nicht geschrieben werden kann.«

NIETZSCHE

Die Studenten freuen sich jedesmal auf das »Konzert« und sind damit natürlich optimal motiviert. Indem der Lernende gleichzeitig hört, liest und die Gestik mitverfolgt, fordert diese Phase vom Lernenden noch eine gewisse Aktivität (AKTIVKONZERT).

Das »PASSIVKONZERT« wird mit einer mentalen Entspannungsübung eingeleitet. Die Augen der Studenten sind geschlossen. Das Textheft haben sie weggelegt.

Erneut ertönt Musik aus den Lautsprechern, diesmal aus dem Zeitalter des Barock (Bach, Händel, Vivaldi, Telemann etc.). Es handelt sich dabei durchweg um langsame Stücke, um Larghi mit einer ruhigen, regelmäßigen, harmonischen und rhythmischen Struktur, etwa 60 Schläge pro Minute.

Derselbe Text wird nun nochmals vorgetragen: diesmal mit ruhiger, natürlicher Stimme, wiederum weitgehend angepaßt an die Musik.

Diese Verbindung bewirkt ein Gefühl des Friedens und Aufgehobenseins. Die Studenten lassen sich völlig gehen, genießen den Klang von Musik und Sprache und brauchen sich auf nichts Spezifisches mehr zu konzentrieren.

Diese Phase wird pseudo-passiv genannt. Der Lernende ist insofern nicht passiv, als gerade durch die Ausschaltung unseres erkenntniseifrigen Intellekts die Aktivierung unserer rechten Gehirnhemisphäre geschieht, mit der ganze Klangmuster auf einmal wahrgenommen und tief im Unterbewußtsein langfristig gespeichert werden können.

Der letzte Ton erklingt. Die Studenten werden aus ihrem Entspannungszustand heraufgeholt. Die Stunde ist zu Ende. Neben der Aufgabe, den Text vor dem Schlafengehen und am nächsten Morgen nochmals kurz durchzugehen und sich dabei positive Lernsuggestionen zu geben, gibt es keine Hausaufgaben. Keine Wörter pauken, kein Büffeln, nichts dergleichen!

3. Die Aktivierungs- und Elaborationsphasen

Vorerst wird der neue Text gelesen. Dies geschieht anfangs im Chor, da keiner dabei Angst haben muß, etwas falsch zu sagen. Man kann dies auch mit geschlossenen Augen tun, beim Laufen oder im Sitzen, Rücken gegen Rücken, laut und leise. Frauen sprechen nur Frauenrollen und Männer nur Männerrollen oder umgekehrt. Es gibt hier viele Variationsmöglichkeiten.

Wie schon die eben geschilderte Phase, erfordert auch die Aktivierung vom Lehrer ein großes Einfühlungsvermögen. Der Lehrer agiert allerdings nicht mehr in erster Linie als Sender, als Akteur, sondern vielmehr als Animateur, überhaupt besitzt der Unterrichtende in dieser Phase große Freiheit, gilt es doch in jedem Moment zu spüren, was sich für die Gruppe als richtig erweist.

Insofern ist die intuitive und kreative Fähikeit des Lehrers unabdingbare Voraussetzung, gilt es doch, ständig eine positive Schwingung zu erzeugen und aufrechtzuerhalten, um damit eine Gelöstheit, bzw. ein ständiges Lösen von auftretenden Verkrampfungen und Verspannungen zu bewirken.

Nur so kann es allmählich und immer intensiver zu einem echten Befreiungsprozeß beim Lernenden kommen und zu einer Entfaltung seiner (Sprach-)Persönlichkeit.

Mit der folgenden Schilderung des äußeren Ablaufs der Aktivierungs- und Elaborationsphase ist also lediglich der Rahmen gegeben. Dieser wird dann, je nach Lehrerpersönlichkeit, individuell mit Inhalt gefüllt. Je nach den Fähigkeiten des suggestopädisch Unterrichtenden können bestimmte Elemente besonders benutzt werden, seien diese nun musischer, visueller Art oder aus dem Bereich des Theaters.

Schauen wir doch rasch einmal in den Französischunterricht der Suggestopädin Françoise Oulmann (Freiburg), die diese Phase wie folgt gestaltet:

Beginnend mit dem Ballspiel wird für die Wiederholung etwa ein Drittel der Unterrichtszeit verwendet. In unserem Kurs von 3 Stunden sind das etwa 30 bis 60 Minuten. Diese Phase besteht aus einer Reihe von verschiedenen Aktivitäten, z. B.:

1. *3 bis 5 Minuten Singen oder Reime aufsagen.*

2. *5 bis 7 Minuten Zahlenübungen.*

3. *5 bis 7 Minuten Grammatik wiederholen, z. B. die Possessivpronomen: Die Regeln werden kurz wiederholt und dann sammle ich persönliche Gegenstände von jedem Schüler in eine Tüte. Jeder zieht einen Gegenstand und macht sich auf die Suche nach dem Besitzer. »C'est ton stylo, Paul?« »Non, ce n'est pas mon stylo.« Oder »Oui, il est a moi.«*

4. *3 bis 5 Minuten Leseübung im Chor normal, leise, laut, schnell oder langsam. Je nach Niveau ersetze ich Wörter durch Synonyme oder Nonsensewörter. Wenn die Teilnehmer dennoch richtig nachsprechen sollen, erhöht das ihre Konzentration und führt zu lustigen Versprechern.*

5. *10 bis 20 Minuten Aktivitäten:*
   - *Rollenspiele z. B. »im Restaurant«*
   - *kombinierte Aufgabe und Rollenspiel: Die in Gruppen aufgeteilten Teilnehmer bekommen beispielsweise die Aufgabe, Einkaufslisten »für ein Menü«, »für ein Abendessen von zwei Verliebten«, »Goldene Hochzeit mit 40 Personen« usw. zu er-*

stellen. *Oder sie sollen zu einem Thema gemeinsam ein Bild malen und dieses dann kommentieren.*

Sehr viel Anklang findet auch das Ausdenken und anschließende Spielen einer Geschichte.

6. *3 bis 5 Minuten erzähle ich oder ein Teilnehmer einen Witz oder eine Kurzgeschichte.*

7. *3 bis 7 Minuten Hörübungen: Stille Post entweder im Kreis oder bei größerer Teilnehmerzahl zwei konkurrierende Mannschaften. Einer beginnt und gibt irgendein Wort leise an seinen Nachbarn weiter. Hat das Wort die Runde gemacht, spricht es der letzte laut aus. Wenn schwierige Worte bis zum Ende korrekt weitergegeben werden, ist das ein Erfolgserlebnis. Wenn das Wort entstellt ist, ist es meistens sehr lustig.*

Auf dieselbe Art und Weise können auch Worte weitergegeben werden, indem man sie seinem Nachbarn auf den Rücken schreibt. Das ist sehr lustig, wenn jemand kitzlig ist.

8. *5 bis 10 Minuten schriftliche Übungen.*

9. *Lesen im Dialog, wobei ich von Gruppe zu Gruppe gehe und individuell die Aussprache jedes Teilnehmers verbessere.*

Die Anzahl und Reihenfolge der Aktivitäten ist beliebig wechselbar und man sollte öfter variieren. Denn der Unterricht muß spannend sein. Wenn ich merke, daß einige Teilnehmer abschalten, dann mache ich sofort etwas anderes, auch wenn es so nicht geplant war. Ich beobachte ständig die Reaktionen und bin jederzeit bereit zu improvisieren. Bei der Reihenfolge der Übungen achte ich lediglich darauf, daß einer ruhigen eine lebhafte, einer langsamen eine schnelle Übung folgt.

Zwischendurch mache ich auch gelegentlich kurze Ent-

spannungsübungen oder versetze die Teilnehmer in einer Fantasiereise an den Ort des Geschehens.

So kann und sollte eine Fremdsprachenstunde aussehen.
Damit das Vertraute des Studenten in seine sprachliche Kommunikationsfähigkeit wächst, ist es hierbei wichtig, daß Fehlerkorrekturen sehr subtil vorgenommen werden. Der Lehrer ist also nicht jene Autoritätsperson, deren Fleiß und Aufmerksamkeit sich dadurch zeigt, daß er bei jedem zweiten Satz »falsch« dazwischen ruft und damit den Studenten im Redefluß unterbricht. Statt den falschen Ausdruck zu wiederholen und ihn so im Unterbewußtsein des Studenten zu verankern und dabei gleich noch eine Negativsuggestion mitzugeben — so im Sinne: »Du wirst es nie lernen« —, gilt es vielmehr, andere Wege zu finden, um dem Fehler zu begegnen.
Zur Schulung einfacher Redewendungen, z.B. spontane Frage-Antwort-Strukturen, arbeite ich mit einem Ball. Hier wird Lernen ein fließend-dynamischer Prozeß, der von einer ehemaligen Kursteilnehmerin prägnant umschrieben wird: »Eine Welle kommt bei mir vorbei, geht weiter und kommt wieder, und auf einmal plötzlich trägt sie mich.«
Wenn jemand die richtige Antwort nicht weiß, dann wird beim nächsten weitergefragt, bis die richtige Antwort kommt. Anschließend wiederholen diejenigen, die anfangs falsch getippt haben, diese nun in korrekter Weise.

Durch das mehrmalige Wiederholen kommt Rhythmus ins Geschehen, die Gruppe bleibt im Fluß. Blockierung und Müdigkeit werden verhindert. Damit erweist sich das Fehlermachen immer weniger als ein Zeichen von Schwäche. Wichtig ist, daß überhaupt gesprochen und kommuniziert wird.
Eine Sprache lernt man mit Sprechen! Indem der Lehrer immer wieder neue Übungen und Spielchen entwickelt, um

bestehenden Schwierigkeiten zu begegnen, heißt »Fehlermachen« immer mehr, die Chance wahrnehmen, noch Unklares tiefer im Unterbewußtsein zu verankern, um den betreffenden Ausdruck oder die Redewendung beim nächsten Mal dann gleich korrekt abrufen zu können.

Um solche Lernproezsse in Gang zu bringen, wird vom Lehrer eine erhöhte Aufmerksamkeit und vor allem Toleranz verlangt. Er »übersieht« kleinere Fehler großzügig, merkt sich aber die individuellen Schwierigkeiten des Einzelnen sehr wohl und setzt im richtigen Moment mit einer adäquaten Übung ein.

Auch im suggestopädischen Unterricht wird unterschiedlich schnell gelernt. Jeder geht seinen eigenen Weg und soll sich nach seinem eigenen Maßstab beurteilen. Durch die Ersetzung des Konkurrenzprinzips durch das soziale Prinzip — also: STATT GEGEN DEN ANDEREN, MIT UND FÜREINANDER — wird eine enorm gemeinschaftsfördernde Aufmerksamkeits- und Konzentrationshaltung erzeugt. Es herrscht eine gegenseitige Wertschätzung und damit verbunden eine enorme Hilfsbereitschaft. Schwächeren wird von Stärkeren geholfen. Dies läßt sich im Rollenspiel sehr leicht realisieren. Es ist meines Erachtens absurd, wenn man eine Sprache lernen möchte, ohne sich der Gesetze der Gemeinschaft bewußt zu werden.
Ich halte es für eine wichtige Aufgabe, dem Menschen bewußt zu machen, daß SPRACHE EIN SCHÖPFERISCHES INSTRUMENT DER GEMEINSCHAFTSBILDUNG IST und daß jeder Lernende diese neu erlernte Variation des Mediums in diesem Sinne gebrauchen soll. Die Sprachgemeinschaft entwickelt sich so zu einer Gemeinschaft lebendig gewordener Individuen und es ist ganz klar, daß sich in einer solchen Atmosphäre die Aufnahme- und Verarbeitungsfähigkeit enorm erhöht.

Es geht nun um den sogenannten Transfer. In Gruppenarbeit werden Szenen eingeübt und vor der Klasse zur Vorführung gebracht. Da werden Kostüme angezogen, Stühle umgestellt. Der Klassenraum verwandelt sich immer mehr zu einem Lebensraum. Die anfangs noch gelenkte Kreativität geht über in freie Spontaneität.

Da jeder Kursteilnehmer von Anfang an eine neue Identität annimmt (fremdsprachlicher Name und Beruf), können Katharsis-Effekte entstehen. Lange Verdrängtes kommt plötzlich zum Vorschein, nicht zuletzt eben auch der kindliche Spieltrieb, die Assoziationsfähigkeit, der körperliche Ausdruck. Innere Hemmungen und Blockaden — »Ich kann nicht sprechen, nicht Theater spielen, nicht singen« — lösen sich auf. GEFÜHLSMÄSSIGE ERKENNTNISMECHANISMEN FUNKTIONIEREN WIEDER. MAN FINDET EINEN KREATIVEN UMGANG MIT SICH SELBST UND DEN ANDEREN.

Da es sich in der Suggestopädie, wie oben angeführt, um die dialektische Vereinigung rational-analytischer Tätigkeit mit dem intuitiv-rezeptiven Zustand geht, hat auch die Erklärung der Grundprinzipien der Grammatik Platz. Allerdings werden diese nach der intellektuellen Erklärung gleich veranschaulicht und in einen situativen Kontext eingebracht, also praktisch angewendet.

Auch Tests werden sehr häufig gemacht. Diese sollen dem Studenten seinen Fortschritt anzeigen. Sie stellen also kein Mittel zur Selbstzensur dar, sondern sollen das Selbstwertgefühl erhöhen und zur Motivation beitragen. Darum werden öfters auch Wettbewerbe eingeschaltet, vor allem bei Jugendlichen, die daran echten Spaß finden.

Grundprinzipien und Unterrichtsmittel der Suggestopädie (Superlearning)

1. Desuggestion und Suggestion

Die Suggestion spielt in der alltäglichen Kommunikation eine große Rolle. Im Unterricht wurde sie bislang weitgehend vernachlässigt. Oder noch schlimmer: Manchmal ist es so, daß der Schüler sich wegen eines langweiligen, unsensiblen oder gar tyrannischen Lehrers NEGATIVsuggestionen und Barrieren aufgebaut hat. Diese gilt es abzubauen. Es geht also zunächst um die Desuggestion von Negativsuggestionen, die zum Teil tief im Unterbewußtsein verankert sind und das Lernen behindern. Gleichzeitig STIMULIERT der suggestopädische Lehrer sowohl mittels verbaler wie auch nonverbaler Kommunikation die SUBSENSORIELLE EBENE. Er agiert also gleichzeitig auf verschiedenen Bewußtseins- und Wahrnehmungsebenen. Damit kreiert er einen emotionalen Impetus, eine hohe Motivation und fördert gleichzeitig Imaginations- und Visualisierungsprozesse.

2. Schaffung optimaler Lernbedingungen

Um die Negativsuggestionen nicht mehr weiter zu nähren, soll der suggestopädische Lebensraum möglichst frei von Eindrücken sein, die in unserem Unterbewußtsein mit Mißerfolgserlebnissen verknüpft sind. Die HALB-KREISFÖRMIGE SITZORDNUNG hat sich bewährt. Sie kann jederzeit variiert werden, wenn der Klassenraum in einen Spielraum verwandelt wird. Der Raum wird mit Posters und themenbezogenen Bildern ausgestaltet.
Eine gute Stimmung wird auch durch Pflanzen erzeugt. Jeder Kursteilnehmer erhält zu Beginn einen neuen Na-

men und Beruf. Während des ganzen Kurses spricht man sich untereinander nur mit diesem Namen an. Dieses Hineinschlüpfen in eine NEUE IDENTITÄT erlaubt dem Lernenden, der so zum Spielenden wird, innere Hemmungen und Blockaden abzubauen, die mit seinem realen Alltag zusammenhängen. Zudem gibt sie ihm die Möglichkeit, die in seiner Alltagsrolle verdrängten Neigungen und Hoffnungen, Wünsche und Träume auszuleben.

In diesem Zusammenhang steht auch die sogenannte »Infantilisierung«, nämlich die WIEDERHERSTELLUNG EINER NATÜRLICHEN LERNFÄHIGKEIT, die wir als Kind noch besaßen. Der emotionalen Entfaltung kommt eine wichtige Bedeutung zu. Man könnte die Suggestopädie auch als eine »Pädagogik des Gefühls« bezeichnen. LERNEN SOLL EIN KREATIVER, SOZIALER PROZESS sein, der die soziale Integrationsfähigkeit in bedeutender Weise fördert.

3. Musik als integrales Element im Lernprozeß

Musik als künstlerisches und suggestives Mittel kommt normalerweise nur im Theater oder im Film zur Anwendung. Bei der Suggestopädie bewirkt der Einsatz von klassischer Musik, zusammen mit dem Textvortrag, eine harmonische Zusammenarbeit der beiden funktional spezialisierten Gehirnhemisphären.

Wie bereits ausführlich dargelegt, verwendet man (beim Erlernen von Fremdsprachen) sowohl die Musik Mozarts, Beethovens etc. wie auch diejenige des Barocks, in einer ganz klar bestimmten Weise.

Im übrigen ist aber auch der Rhythmus im allgemeinen ein wichtiges Mittel. Es gilt VERBINDUNGEN HERZUSTELLEN ZWISCHEN RHYTHMUS, TON,

KLANG, SPRACHE UND BEWEGUNG. Sprache ist Musik, ist Tanz. Wörter sollen nicht einfach gelesen werden, sondern gestisch dargestellt werden. Langeweile stellt sich meist dann ein, wenn Sprache nur mit dem Kopf erfaßt wird. Zum kreativen Umgang mit Sprache kommt es, wenn das Erlebnis von Sprache (als Klang, als Musik, als Rhythmus) bis in die Vibrations- oder Körperebene hinabreicht. Hier begegnen sich Klang, Rhythmus und Intuition. Konkret bedeutet dies, daß der suggestopädische Lehrer immer wieder im Zusammenhang mit dem Rhythmus des Textes stehende Entspannungs-, Körperbewußtseins- und Rhythmusübungen in die Sprach-Arbeit einstreut.

Es ist natürlich von Vorteil, wenn die Musik nicht nur aus den Lautsprechern einer Stereoanlage kommt, sondern selbst gemacht wird.
In meinem Schulraum steht mir immer ein Klavier zur Verfügung, das ich gezielt einsetze. So ist der Beginn der Stunde bzw. das Ende der Pause meist eine rituelle Abfolge, indem ich eine Erkennungsmelodie spiele. Die Studenten brechen dann ihre Konversation allmählich ab, begeben sich auf ihren Platz und konzentrieren sich auf den Unterricht. Auch ist die Begleitung von suggestopädischen Liedern und Folksongs mit dem Klavier dazu angetan, eventuelle Hemmungen beim Studenten abzubauen.

4. Der Lehrer ist die Methode

Ganz im Gegensatz zu modernen Methoden der (Sprach-) Vermittlung, wo die unterrichtende Person praktisch nur noch Bediener für technisch-elektronische Geräte ist, hat der Lehrer im suggestopädischen Unterricht eine ZENTRALE ROLLE. Dem Training QUALIFIZIERTER

LEHRERPERSÖNLICHKEITEN kommt eine fundamentale Bedeutung zu. Damit der Lehrer die vielfältigen subsensoriellen Reize koordinieren kann und so auf die Studenten vertrauenserweckend wirkt, muß er ein TIEFES VERANTWORTUNGSGEFÜHL besitzen und mit dem Medium des Lehrers letztlich einen humanen Zweck verfolgen. Nur so kann eine Atmosphäre tiefen menschlichen Verstehens geschaffen werden, eine Atmosphäre, in der die Persönlichkeit der Studenten stimuliert und befreit wird.

AUFGABEN UND ANFORDERUNGEN AN GANZHEITLICH UNTERRICHTENDE

Lehrer

❶ Stimulieren der Lernfähigkeit des Schülers durch die Förderung der Kreativität.

Dies bedeutet die Absage an den Frontalunterricht und dem damit verbundenen passiven Aufnehmen und Reproduzieren von Wissenselementen.

❷ Förderung des Selbstvertrauens des Schülers. Durch positive Einflußnahme den Schüler immer wieder hinführen zur eigenständigen Entdeckung seiner Lernfähigkeit nach dem Motto:

Man kann einen Menschen nichts lehren, man kann ihm nur helfen, es in sich selbst zu entdecken.

GALILEI

❸ Spielerische Lernsituationen schaffen, in denen natürliches Lernen stattfinden kann. Achten auf die Integrierung der Gehirnhälften.

»Lernen ohne Freude ist keinen Heller wert.«

PESTALOZZI

❹ Abbau von Lernbarrieren — den Schülern mehr in die Augen statt aufs Blatt schauen. Die Person als ganzen Menschen nehmen und nicht nur das Resultat beurteilen.

❺ Ständige Integration der Gehemmten und Blockierten. Differenzieren des Beurteilungsmaßstabes. Jeder soll sich letztlich an sich selbst messen, d.h. individuelle Bestimmung des Lernfortschritts.

❻ Förderung des Verantwortungsbewußtseins. Wir lernen nicht gegeneinander (Konkurrenz- und Leistungsdenken), sondern mit- und füreinander. Auch der Lehrer soll ständig lernend sich in verschiedenen Situationen immer wieder neu entdecken und sich als Mensch neu erfahren.

❼ Der Lehrer als Gärtner. Wenn Pflanzen »schlecht« wachsen, dann sollen sie nicht an Stengeln und Blättern mit Gewalt in die Höhe gezogen werden! Vielmehr gibt der gute Gärtner ihnen mehr echte Pflege, z.B. besseres Wasser, mehr Licht, bessere Erde. Manchmal folgt er auch ihren Wurzeln und spürt, wo sie wirklich krank sind.

99

Und alles Lernen
hat keinen anderen Zweck
als die Liebe.

99

PESTALOZZI

 **HEYNE BÜCHER**

KOMPAKTWISSEN

HEYNE BÜCHER

KOMPAKTWISSEN

Die Taschenbuch-Reihe von heute, für die Erfolgreichen von morgen

Ichak Adizes
Wie man Mismanagement überwindet
22/139 - DM 9,80

Eduard Altmann
Mehr Computer für weniger Geld
22/159 - DM 9,80

Karl-Heinz Bilitza
Geld verdienen an der Börse
22/168 - DM 7,80

Walter H. Braun
Top-Selling
22/188 - DM 9,80

Rolf Breitenstein
Die wirksame Rede
22/137 - DM 6,80

Siegfried Brockert
Der beste Chef
22/169 - DM 8,80

Koessler / Buschmann
Handbuch der Kraftfahrzeugtechnik
2 Bände
22/101 - DM 19,60

Herb Cohen
Sie können alles erreichen
22/120 - DM 7,80

Heinz Commer
Protokoll und Etikette für Wirtschaft und Verwaltung
22/143 - DM 6,80

Ernest Dichter
Das große Buch der Kaufmotive
22/133 - DM 7,80

Helmut Dittrich
100 Chancen, Kosten zu senken
22/158 - DM 9,80

Dietmar Eirich
Textverarbeitung
22/175 - DM 12,80

Paul Feldmann
Denktraining
22/136 - DM 9,80

Günther Feyler
140 Checklisten
22/104 - DM 6,80

Lothar Fiegen
Schneller auffassen - mehr verstehen – besser behalten
22/146 - DM 6,80

Winston Fletcher
Super-E-Training
22/183 - DM 9,80

Hans-Bernd Graupner / Helmut Simon
Karriereplanung
22/179 - DM 9,80

Heiko Griepenkerl
Von den Japanern lernen
22/182 - DM 9,80

Peter Harten
So funktioniert unsere Wirtschaft
22/180 - DM 12,80

Heinz Hartwig
Wirksames Werbetexten
22/127 - DM 7,80
Besseres Deutsch – größere Chancen
22/150 - DM 7,80

Dipl. Psych. Ralf Horn
Alle wichtigen Tests zur Auswahl von Bewerbern
22/173 - DM 9,80

J. E. Klausnitzer
Intelligenzschule
22/112 - DM 8,80
Der persönliche IQ-Test
22/134 - DM 7,80
Die Kunst, frei zu sein
22/152 - DM 7,80
Mit Logik zum Erfolg
22/160 - DM 7,80
So teste ich meine Führungsqualitäten
22/170 - DM 9,80
Erfolgstraining
22/176 - DM 9,80

Horst Kliemann
So erarbeitet man Vorträge und Veröffentlichungen
22/141 - DM 7,80

Paul Koessler
Grundlagen der Fahrzeugtechnik
22/154 - DM 9,80

Michael Korda
Anatomie des Erfolges
22/177 - DM 7,80

Preisänderungen vorbehalten.

Wilhelm Heyne Verlag München

KOMPAKTWISSEN

Die Heyne-Taschenbuch-Reihe
für alle die im Beruf Erfolg haben wollen.

Manfred Mantel
99 Übungen, um leichter und erfolgreicher zu lernen
22/161 – DM 8,80

Hans Dieter Meyer
Versicherungs-Ratgeber für Geschäft und Beruf
22/186 – DM 9,80

Müller / Schön
Zweckmäßige und rechtlich abgesicherte Arbeitsverträge
22/165 – DM 9,80

Jörg Nimmergut
Die Schule der erfolgreichen Bewerbung
22/107 – DM 7,80

Reinhard von Normann
Schlagend argumentieren
22/155 – DM 8,80

Gilbert Obermair
EDV-Grundwissen
22/114 – DM 9,80

Roger van Oech
Aus der Routine ausbrechen
22/156 – DM 7,80

Winfried Prost
Manipulieren durch Sprache
22/181 – DM 9,80

Eugene Raudsepp
So steigern Sie Ihre Kreativität
22/142 – DM 7,80
Kreativitätsspiele
22/153 – DM 8,80

Gerhard Reichel
Der sichere Weg zum phänomenalen Gedächtnis
22/185 – DM 9,80

Norman Rentrop
Jetzt selbständig machen
22/171 – DM 9,80

G. H. Ruddies
Die mehr Prüfungsangst
22/125 – DM 6,80

Rolf Rüttinger
Selbstsicherheits-Training
22/187 – DM 9,80

Rainer Schätzle
Handbuch Börse
22/174 – DM 12,80

Michael Schiff
Redetraining
22/103 – DM 6,80

Annelore Schliz/ Hannelore Winter
Karriere im Sekretariat
22/189 – DM 12,80

Michael J. Skirl
100 Ideen für Werbung und PR
22/184 – DM 9,80

Barbara Sternberger
Vermögen vermehren – Steuern sparen
22/149 – DM 7,80

H. H. Stück
So gründe ich ein Geschäft oder mache mich selbständig
22/111 – DM 9,80
Von der Mahnung zur Zwangsvollstreckung
22/151 – DM 7,80

H. H. Stück
Die zweckmäßige Unternehmensform
in Handel, Handwerk und Industrie
22/157 – DM 9,80
Buchführungs-training
22/164 – DM 9,80
99 Ideen für Nebenverdienst
22/178 – DM 9,80

Gerd Stuhrmann
Frühzeitig, richtig und steuergünstig schenken
22/167 – DM 9,80

Frank Ullmann
101 Tips für erfolgreiche Redner
22/163 – DM 6,80

Tom Werneck / Clemens Heidack
Gedächtnistraining
22/131 – DM 7,80

T. Werneck / F. Ullmann
Konzentrationstraining
22/109 – DM 8,80
Dynamisches Lesen
22/118 – DM 7,80

Donald L. Wilson
Mehr Willenskraft
22/130 – DM 6,80

Wolfgang Wypijeski
Professionelles Korrespondenz- und Text-ABC
22/162 – DM 9,80
99 Zeugnisse
22/166 – DM 9,80

Preisänderungen vorbehalten.

Wilhelm Heyne Verlag München

Superlearning

Cassettenprogramme
für ein angenehmes und
leichtes Lernen zuhause

Sprachcassettenprogramme:

- Urlaubssprachkurse:
  Englisch, Französisch,
  Italienisch, Spanisch
- Reisesprachkurse:
  Griechisch, Russisch,
  Portugisisch, Türkisch
- Grundkurse:
  Englisch, Französisch,
  Italienisch, Spanisch
- Aufbaukurse:
  Englisch, Französisch –
- Wirtschaftsenglisch –
  englische Handels-
  korrespondenz

Spezialcassettenprogramme:

- Superlearning zum Selber-
  machen
- Superlearning Barockmusik
  mit ausgewählten Stücken
- Synthesizer-Sphärenmusik
  zum Träumen und Wohlfühlen
- Superlearning-Kommajogging
  für die richtige Zeichensetzung
- Superlearning-
  Prüfungsvorbereitung für
  Heilpraktikeranwärter
- Entspannungs- und
  Konzentrationstraining
- Vital und erfolgreich im Leben
  und Beruf
- Sicher und gelöst in
  Prüfungen
- Hausaufgaben leicht gemacht
- Gesundes und natürliches
  Einschlafen

Seminare und Beratung in
Spezialbereichen
auf Anfrage

Wir beraten
Sie gerne !

Senden Sie mir Gratisinformationen über:

○ Sprachen
○ Spezialprogramme
○ Weiterbildung
○ Inner games
○ Sonstiges

Besonders interessiere ich mich für:

_____

Absender

Name _____

Vorname _____

Straße _____

PLZ-Ort _____

Tätigkeit _____

Bitte in Blockschrift ausfüllen

Antwort

Superlearning

Gesellschaft für
ganzheitliches Lernen
Goethestraße 20/B

7800 Freiburg